东莞"双万"新起点社会科学丛书

东莞经济研究：
科技创新与先进制造

RESEARCH ON DONGGUAN ECONOMY：
TECHNOLOGICAL INNOVATION AND ADVANCED MANUFACTURING

张出兰　著

社会科学文献出版社
SOCIAL SCIENCES ACADEMIC PRESS (CHINA)

目 录
Contents

第一章　以科技创新和先进制造引领
东莞经济高质量发展

2022年，东莞市第十五次党代会提出，东莞已经历史性"迈上万亿GDP、千万人口的'双万'新起点"，① 成为全国第15个"双万"城市。成功迈入"双万"城市新赛道，意味着东莞经济发展进入了新阶段，面临"双区"和三个重大平台建设的重大历史机遇，有万亿GDP的坚实经济基础，必须坚持发展是硬道理，以经济建设为中心，聚焦"科技创新+先进制造"推动实现更高质量的发展。

第一节　先进制造业是东莞推动经济
高质量发展的必然要求

一　制造业是经济高质量发展的核心

高质量发展是全面建设社会主义现代化国家的首要任务，也是中国式

---

① 《聚焦党代会·报告解读 | 立足"双万"新起点，着力"双聚焦"，奋力"双实现"》，东莞市人民政府网站，http://www.dg.gov.cn/jjdz/dzyw/content/post_3703255.html。

现代化的本质要求。党的二十大从全面建设社会主义现代化国家的高度做出建设现代化产业体系的重大战略部署，提出"坚持把发展经济的着力点放在实体经济上，推进新型工业化，加快建设制造强国、质量强国、航天强国、交通强国、网络强国、数字中国"①的战略任务。

习近平总书记高度重视实体经济和制造业的发展，多次在不同场合强调"从大国到强国，实体经济发展至关重要，任何时候都不能脱实向虚"②"必须始终高度重视发展壮大实体经济，抓实体经济一定要抓好制造业"③"制造业高质量发展是我国经济高质量发展的重中之重，建设社会主义现代化强国、发展壮大实体经济，都离不开制造业"④等重要论断。2023年4月，习近平总书记视察广东时强调"中国式现代化不能走脱实向虚的路子，必须加快建设以实体经济为支撑的现代化产业体系"⑤。习近平总书记的系列重要论述，深刻阐明了制造业高质量发展是经济高质量发展的重要内容，是中国式现代化的重要保障，没有制造业提供的坚实物质技术支撑，就不可能实现经济高质量发展，就不可能实现中国式现代化。

二　先进制造业是制造业高质量发展的关键

习近平总书记指出："实体经济是一国经济的立身之本、财富之源。

---

① 习近平：《高举中国特色社会主义伟大旗帜　为全面建设社会主义现代化国家而团结奋斗——在中国共产党第二十次全国代表大会上的报告》，人民出版社，2022，第30页。

② 《助力实体经济、提振市场信心，平台企业大有可为》，中国经济网，http：//www.ce.cn/xwzx/gnsz/gdxw/202301/12/t20230112_38342756.shtml。

③ 《习近平：不断壮大实体经济》，北京市直机关党建网站，http：//www.bjszjggw.gov.cn/res/bulletin/0125_18912/1659964550727.html。

④ 《【观点】张慧：制造业高质量发展是我国经济高质量发展的重中之重》，广西社会科学院网站，http：//www.gass.gx.cn/html/2021/hj_0529/4332.html。

⑤ 《加快建设以实体经济为支撑的现代化产业体系》，中国经济网，http：//views.ce.cn/view/ent/202304/19/t20230419_38505665.shtml。

先进制造业是实体经济的一个关键，经济发展任何时候都不能脱实向虚。"① 当前，全球经济发展进入深度调整期，数字经济、共享经济、产业协作正在重塑传统实体经济形态，全球制造业正处于转换发展理念、调整失衡结构、重构竞争优势的关键节点，先进制造业作为全球制造业金字塔的塔尖，是科技创新的主要阵地，是经济发展的主导力量，也是国际竞争的主要领域，日益成为各国角逐焦点。对我国而言，先进制造业是构建现代产业体系、培育发展新动能、助推经济高质量发展的关键，对于推动经济高质量发展、产业结构战略性调整、产业链价值链向中高端迈进具有重要作用。

我国高度重视先进制造业发展。党的十九大做出了"加快建设制造强国，加快发展先进制造业，推动互联网、大数据、人工智能和实体经济深度融合，在中高端消费、创新引领、绿色低碳、共享经济、现代供应链、人力资本服务等领域培育新增长点、形成新动能""培育若干世界级先进制造业集群"② 等战略部署，从国家层面对先进制造业发展提出了目标要求。2019 年，中央经济工作会议对先进制造业发展再次做出部署，要求"要健全体制机制，打造一批具有国际竞争力的先进制造业集群，提升产业基础能力和产业链现代化水平"。2020 年 10 月，党的十九届五中全会审议通过的《中共中央关于制定国民经济和社会发展第十四个五年规划和二〇三五年远景目标的建议》提出，要"推动先进制造业集群发展，构建一批各具特色、优势互补、结构合理的战略性新兴产业增长引擎"③，进一步明确了先进制造业集群的总体发展方向和布局。党的二十大进一步提出了

---

① 《武文霞：实体经济是一国经济立身之本财富之源》，广东省社会科学院网站，https://www.gdass.org/MessageInfo_7363.shtml。

② 习近平：《决胜全面建成小康社会　夺取新时代中国特色社会主义伟大胜利——在中国共产党第十九次全国代表大会上的报告》，人民出版社，2017，第 30~31 页。

③ 《十九大以来重要文献选编（中）》，中央文献出版社，2021，第 795~796 页。

"推动现代服务业同先进制造业、现代农业深度融合"① 的战略任务，为先进制造业高质量发展指明了目标和方向。

三 当前先进制造业发展呈现的主要特征

先进制造业与传统制造业的主要区别体现在驱动方式、竞争优势、制造模式、绿色低碳等方面。在驱动方式上，传统制造业依靠要素驱动，先进制造业依靠创新驱动；在竞争优势上，传统制造业是低成本竞争优势，先进制造业是质量效益竞争优势；在制造模式上，传统制造业是传统生产型制造模式，先进制造业是服务型制造模式；在绿色低碳上，传统制造业是粗放型制造，先进制造业是绿色制造；等等。由于这些典型区别，先进制造业呈现出技术密集性、模式先进性、战略引领性和动态演进性等几个特征。

1. 技术密集性

先进制造业是技术密集型产业。先进制造业包含新技术成果产业化产生的新兴产业形态和运用新技术实现升级的传统制造业，具有技术先进、知识密集、附加值高等特征，是制造业中技术成果最丰富的领域，通过采用先进技术促进制造业生产效率提升和生产方式转变。

2. 模式先进性

制造模式是制造业协调组织资本、劳动力、技术等各类生产要素所形成的生产组织方式。先进制造模式通过高效组织各类生产要素实现良好的生产制造效果，提升生产制造效率和质量。具体来说，就是在生产制造过程中融合运用先进信息技术，通过柔性生产、精益生产、敏捷制造等模式来满足市场多元化需求，能够实现大规模个性化定制生产。

3. 战略引领性

世界范围内，先进制造业的发展往往具备国家战略意义。当前，世界

① 习近平：《高举中国特色社会主义伟大旗帜　为全面建设社会主义现代化国家而团结奋斗——在中国共产党第二十次全国代表大会上的报告》，人民出版社，2022，第30页。

主要发达国家纷纷以先进制造业为重要基点，抢占科技产业竞争的战略高地。因此，各国先进制造业的发展通常以国家战略、政策、规划为引领，以确保国家战略利益为目标，呈现规划性、长期性和稳定性。

4. 动态演进性

先进制造业的先进性是一个动态的概念，随着科学技术的创新、生产方式的重构而不断演变，并随技术的进步不断革新与自我进化。先进制造业在不同历史时期具有不同的产业分类和内涵。在先进制造业概念提出的初期，普遍认为先进制造技术包括数字化生产技术、计算机辅助设计和机器人技术。随着第三次产业革命的到来及科学技术的不断进步，智能和数字制造、人工智能基础设施、新能源、高性能材料等相关产业成为先进制造业的代表性产业。因此，先进制造业的"先进性"要依据时代的背景进行理解，不能将先进制造业简单局限在特定的产业范畴，而是应根据制造业的技术应用、制造模式的发展变化及时加以调整。

四　先进制造业是东莞经济高质量发展的新动能

近年来，东莞市深入贯彻落实党中央和广东省委关于建设现代产业体系的战略部署，坚持把制造业作为东莞的"根"和"魂"，以打造粤港澳大湾区先进制造业中心为目标，以实施"强、大、精、优"产业体系发展工程为抓手，坚定推动先进制造业高质量发展，着力培育战略性产业集群，全面推动产业高端化发展，持续推进产业基础能力和产业链现代化，推动现代服务业和先进制造业深度融合，全面构建以先进制造业为核心、多元支撑的具有国际竞争力的现代产业体系。东莞工业门类齐全，全市拥有 34 个工业门类，占所有 41 个大类的 82.9%；[①] 全市制造业体系涉及 30

---

① 《东莞市现代产业体系中长期发展规划纲要（2020—2035 年）》，东莞市人民政府办公室网站，http://www.dg.gov.cn/attachment/0/16/16018/3022150.pdf。

多个行业和 6 万多种产品，10 多种 IT 产品占据国际市场 10% 至 40% 的市场份额，本地产业配套率达到 90%。① 同时，也应注意到东莞产业基础能力不够强，现代服务业不够发达，多数制造业部门仍处于全球价值链的中低端，关键核心技术"卡脖子"问题仍然存在，产业链不稳、不强、不安全问题还比较突出。为此，东莞应牢牢坚持制造业当家不动摇，坚定不移实施好产业立新柱"一号工程"，聚焦新一代信息技术、高端装备、新材料、新能源、生物医药等领域，培育打造更多先进制造业集群，推动制造业与数字经济、现代服务业深度融合，深入实施新一轮专精特新"小巨人"孕育行动、战略性新兴产业"倍增计划"、上市企业"鲲鹏计划"和"小升规"企业培育行动，打好惠企服务"组合拳"，全力打造经济发展新动能。

第二节　科技创新是推动东莞经济高质量发展的必由之路

以科技创新驱动高质量发展，是贯彻新发展理念、破解当前经济发展中突出矛盾和问题的关键，也是加快转变发展方式、优化经济结构、转换增长动力的重要抓手。党的十八大以来，以习近平同志为核心的党中央，坚持创新是引领发展的第一动力，把创新摆在我国现代化建设全局的核心位置，把科技自立自强作为国家发展的战略支撑，深入实施创新驱动发展战略，坚定不移走中国特色自主创新道路，持续推进创新型国家和科技强国建设，推动我国科技实力从量的积累迈向质的飞跃、从点的突破迈向系统能力提升，科技创新取得新的历史性成就。在成为"双万"城市的新发

① 《"工业上楼"为东莞制造业高质量发展注入新动能》，东莞市商务局网站，http：//dg-boc. dg. gov. cn/gkmlpt/content/3/3479/post_3479300. html#254。

展阶段，东莞应继续深入实施创新驱动发展战略，聚焦科技自立自强，通过科技创新为东莞经济高质量发展赋能加速。

一　创新是引领发展的第一动力

党的十八大以来，习近平总书记站在统筹中华民族伟大复兴战略全局和世界百年未有之大变局的高度，对我国科技创新事业做出了一系列重要论述，科学回答了"科技创新是什么、为什么要进行科技创新、如何实现科技创新"等重大理论和实践问题，不仅把我们党对科技创新的理论认识提高到了新的高度，而且为未来发展指明了前进方向。党的十八届五中全会提出了创新、协调、绿色、开放、共享的新发展理念，其中创新排在首位。党的十九大提出了到2035年"我国经济实力、科技实力将大幅跃升，跻身创新型国家前列"的战略目标，明确了"加快建设创新型国家。创新是引领发展的第一动力，是建设现代化经济体系的战略支撑"的战略任务。[①] "党的十九届五中全会提出了坚持创新在我国现代化建设全局中的核心地位，把科技自立自强作为国家发展的战略支撑。"[②] 《国民经济和社会发展第十四个五年规划和2035年远景目标纲要》中提出要"坚持创新驱动发展，全面塑造发展新优势"，要"坚持创新在我国现代化建设全局中的核心地位，把科技自立自强作为国家发展的战略支撑，面向世界科技前沿、面向经济主战场、面向国家重大需求、面向人民生命健康，深入实施科教兴国战略、人才强国战略、创新驱动发展战略，完善国家创新体系，加快建设科技强国"。党的二十大将科技创新的战略意义提升到新的高度，进一步提出"必须坚持科技是第一生产力、人才是第一资源、创新是第一动力，深入实施科教兴国战略、人才强国战略、创新驱动发展战略，开辟

---

① 习近平：《决胜全面建成小康社会　夺取新时代中国特色社会主义伟大胜利——在中国共产党第十九次全国代表大会上的报告》，人民出版社，2017，第28、31页。

② 《习近平谈治国理政》（第四卷），外文出版社，2022，第197页。

发展新领域新赛道，不断塑造发展新动能新优势"，并强调要"完善科技创新体系。坚持创新在我国现代化建设全局中的核心地位""加快实施创新驱动发展战略"，① 为今后我国依靠科技创新引领和支撑社会主义现代化建设进一步指明了方向和路径。

二　科技创新是高质量发展的新引擎

科技创新事业在党和国家发展大局中始终占据十分重要的战略地位，发挥十分重要的战略作用。实施创新驱动发展战略，就是要推动以科技创新为核心的全面创新，坚持需求导向和产业化方向，坚持企业在创新中的主体地位，发挥市场在资源配置中的决定性作用和社会主义制度优势，提高科技进步对经济增长的贡献度，形成新的增长动力源泉，推动经济社会高质量发展。"党的十八大作出了实施创新驱动发展战略的重大部署，强调科技创新是提高社会生产力和综合国力的战略支撑，必须摆在国家发展全局的核心位置。"② 这是党中央在新的发展阶段确立的立足全局、面向全球、聚焦关键、带动整体的国家重大发展战略。2016 年 5 月，中共中央、国务院印发的《国家创新驱动发展战略纲要》中强调，创新驱动发展是我国面向未来的一项重大战略，科技创新必须摆在国家发展全局的核心位置。《国家创新驱动发展战略纲要》明确了创新驱动发展战略的战略背景、战略要求、战略目标、战略部署、战略任务和保障措施等重点内容，是我国推进创新工作的纲领性文件，是建设创新型国家的行动指南。

党的十八大以来，在创新驱动发展战略的引领下，我国科技事业实现了跨越式发展，发生了历史性、整体性、格局性重大变化，我国成功进入创新型国家行列。根据世界知识产权组织发布的全球创新指数排名，中国

---

① 习近平：《高举中国特色社会主义伟大旗帜　为全面建设社会主义现代化国家而团结奋斗——在中国共产党第二十次全国代表大会上的报告》，人民出版社，2022，第 33、35 页。

② 《习近平谈治国理政》（第一卷），外文出版社，2018，第 119 页。

从 2012 年的第 34 位上升至 2021 年的第 12 位。国家创新能力不断提升，2012~2021 年，我国的全社会研发投入从 1.03 万亿元增加到 2.79 万亿元，研发投入规模稳居世界第二；研发投入强度从 1.91% 提升至 2.44%，接近经济合作与发展组织（OECD）国家的平均水平。企业创新主体地位不断强化，企业研发投入占全社会研发投入比例达到 76% 以上；全国高新技术企业数量 2021 年已达到 33 万家，研发投入占全国企业投入的 70%；在上海证交所科创板、北京证交所上市的企业中，高新技术企业占比超过 90%。[①] 科技赋能成效显著，我国的人工智能、大数据、区块链、量子通信等新兴技术加快应用；新能源、新型显示、半导体照明、先进储能等产业规模也位居世界前列；规模以上工业企业生产设备数字化率、关键工序数控化率、数字化设备联网率分别达到 49.9%、52.1%、43.5%，[②] 数字经济规模居世界第二。[③]

三　东莞实现高水平科技自立自强

近年来，东莞全面贯彻落实党的十九大、二十大精神，深入学习贯彻习近平总书记重要讲话和重要指示批示精神，认真落实省委决策部署，深入实施创新驱动发展战略，以建设粤港澳大湾区为纲，以建设国家创新型城市为契机，充分发挥科技创新战略引领作用，加快推进区域创新体系建设，加快集聚高端创新资源要素，加快推动"科技、金融、产业"三融

---

① 《中共中央宣传部举行"实施创新驱动发展战略 建设科技强国"发布会文字实录》，中华人民共和国科学技术部网站，https://www.most.gov.cn/xwzx/twzb/fbh22060601/twzbwzsl/202206/t20220606_180945.html。

② 《"十三五"规划〈纲要〉总结评估之 21 经济结构持续优化》，中华人民共和国国家发展和改革委员会网站，https://www.ndrc.gov.cn/fggz/fzzlgh/gjfzgh/202112/t20211225_1309616_ext.html。

③ 《中国数字经济发展成效显著 总规模稳居全球第二》，光明网，https://m.gmw.cn/baijia/2021-04/26/1302256158.html。

合，全市研发能力不断提高，创新水平稳步提升，科技实力持续增强，研发经费支出屡创新高，科技创新对经济社会发展的支撑和引领作用不断增强。2023 年 4 月，习近平总书记视察广东时强调，"实现高水平科技自立自强，是中国式现代化建设的关键"，要求广东"要锚定强国建设、民族复兴目标，围绕高质量发展这个首要任务和构建新发展格局这个战略任务，在全面深化改革、扩大高水平对外开放、提升科技自立自强能力、建设现代化产业体系、促进城乡区域协调发展等方面继续走在全国前列，在推进中国式现代化建设中走在前列"。①总书记重要讲话精神，为我们推动科技创新，实现科技自立自强指明了方向，提供了根本遵循。东莞应牢牢坚持创新在现代化建设全局中的核心地位，强化科技自立自强战略支撑，按照"四个面向"的要求，深入实施创新驱动发展战略，以大湾区综合性国家科学中心先行启动区建设为抓手，携手深圳共建粤港澳大湾区国际科技创新中心和广深港澳科技创新走廊，加快建设创新型城市，加快完善源头创新、技术创新、成果转化、企业培育"四大创新体系"，集聚高端科技创新资源，打造最优创新生态，培育高质量发展创新动力源，建设具有全球影响力的湾区创新高地，以参与综合性国家科学中心建设为统领，努力实现科技自立自强，打造大湾区科技创新新高地。

---

① 《习近平在广东考察时强调：坚定不移全面深化改革扩大高水平对外开放 在推进中国式现代化建设中走在前列》，中国政府网，https://www.gov.cn/yaowen/2023-04-13/content_5751308.htm。

第二章　全球科技创新和先进制造业发展趋势、特点及启示

当前，全球科技革命和产业变革正在加速推进，以人工智能、量子信息、物联网、区块链等为代表的新一代信息技术加速突破应用，新一代信息技术与生物技术、新材料技术、新能源技术等深度交叉融合，人工智能、5G通信、工业互联网等新兴技术引领和带动产业发生历史性变革。特别是信息技术、自动化技术、新材料技术等先进制造技术不断催生新的生产方式、组织形态和商业模式，加速推进制造业向智能化、服务化、绿色化转型，科技创新与先进制造业融合协同发展态势越来越明显。科技创新和先进制造业已成为新一轮国际科技产业竞争的主要阵地。特别是，近年来受新冠疫情冲击、国际地缘政治冲突、贸易保护主义抬头等不利因素影响，世界经济增长乏力，全球产业链供应链不稳定不安全情况突出。世界主要国家纷纷通过制定实施科技产业战略，加强政策引导、加大扶持力度，推动本国科技创新和先进制造业高质量发展，力图在新一轮的国际科技产业竞争中取得主导地位。东莞应深入研究世界主要国家和地区最新科技产业政策，准确把握全球科技产业发展前沿，充分发挥自身制造业和科技创新领域的优势，主动服务国家战略大局，为构筑现代化产业体系、推动科技自立自强做出应有贡献。

第一节　世界主要国家和地区科技创新和先进制造业最新政策

在全球新一轮科技革命和产业变革的背景下，中国、美国、日本、韩国等世界主要经济体都持续推进科技创新和先进制造业发展。如美国于 2022 年发布了最新版的《先进制造业国家战略》，旨在通过建立强大的供应链、投资研发体系以及培训先进制造业劳动力等举措，振兴美国先进制造业，确保美国全球领先地位；近年来，韩国为实现其制造业强国目标和在尖端技术领域全球领先地位，大力推动尖端产业和国家必备战略技术发展，相继发布了《全球技术霸权竞争下韩国技术保护战略》《国家必备战略技术选定与培育保护战略》《国家尖端产业培育战略》《国家尖端产业带建设计划》等科技产业政策。我国也于 2015 年启动了制造强国建设战略，引领制造业向高质量、高效率、智能化和绿色化方向发展。特别是，进入"十四五"时期，我国进一步强化先进制造业的顶层设计，不断细化相关政策措施，出台了《关于深化新一代信息技术与制造业融合发展的指导意见》《中小企业数字化赋能专项行动方案》《"十四五"信息化和工业化深度融合发展规划》《"十四五"数字经济发展规划》《"十四五"机器人产业发展规划》《"十四五"智能制造发展规划》等政策文件，形成了支撑引领科技创新和先进制造业协同发展的政策体系，有力有效推动了我国先进制造业高质量发展。

一　美国：《先进制造业国家战略》

2008 年全球金融危机后，美国基于其技术产业的全面优势，从政府和产业层面分别发力，通过"自上而下"和"自下而上"的二元路径，以先进制造业为核心加速转型，已多次发布制造业创新战略顶层设计。2009 年 12 月，美国总统行政办公室发布《重振美国制造业框架》；2012 年，美国提出"先进制造"战略；2015 年 10 月，美国发布《美国创新战略》，强调了重点发展先进制造、精密医疗等九大战略领域；2016 年发布《先进制造业领导力战略》《国家人工智能战略》《关键和新兴技术国家战略》，将基础科技和信息技术体系与制造业结合，构筑高端竞争优势；2018 年 10 月，美国发布《美国先进制造业领导力战略》；2021 年，美国参议院通过《美国创新与竞争法案》，将物联网、5G 等在内的众多领域纳入资助范围；2021 年 11 月，拜登签署《基础设施投资和就业法案》，累计投资 1.2 万亿美元提升基础设施水平；2022 年，美国发布了《先进制造业国家战略》最新版，明确今后四年美国先进制造业发展的目标、任务和路径。

（一）《先进制造业国家战略》的出台背景

2022 年，美国国家科学技术委员会发布新版《先进制造业国家战略》。战略指出，先进制造业是对现有产品制造方法的创新，以及由先进技术促成的新产品的生产。战略认为，制造业是美国经济实力提升的引擎和国家安全的支柱，制造业的发展是确保经济持续增长的内在动力。目前，美国虽然是先进制造业领域的全球领导者，但是在某些先进制造业的领域生产和就业水平却急剧下降，先进制造产品贸易从 2001 年开始由顺差转为逆差，2021 年的贸易逆差为 1970 亿美元。[①] 特别是新冠疫情的出现暴露了制造业供应链的脆弱性。为此，该战略提出必须通过加大对先进制造业的投资，确保美国在先进制造业方面处于领导地位，进而促进经济增长，创造高质量就业机会，增强环境可持续性，应对气候变化，增强供应链韧性，确保国家安全，并改善医疗服务。

---

① 《赛迪 | 2022 美国先进制造业国家战略报告》，福建信息主管（CIO）网，http：//www.fjcio.cn/Item/8150.aspx。

（二）《先进制造业国家战略》的主要框架

该战略基于美国在先进制造业方面领导地位的愿景，提出了要将开发和实施先进的制造技术、壮大先进制造业的劳动力队伍和提升供应链弹性作为先进制造业发展的三大支柱，并将这三大支柱进一步细化为 11 个重点目标和 37 条实施路径（见表 2-1）。

表 2-1　美国《先进制造业国家战略》的支柱、目标和实施路径

支柱	目标	实施路径
1. 开发和实施先进的制造技术	1.1 实现清洁和可持续的制造以支持脱碳	1.1.1 制造过程的脱碳
		1.1.2 清洁能源制造技术
		1.1.3 可持续制造和回收
	1.2 加快微电子和半导体的制造创新	1.2.1 半导体和电子的纳米制造
		1.2.2 半导体材料、设计和制造
		1.2.3 半导体封装和异构设计
	1.3 实施先进制造以支持生物经济	1.3.1 生物制造
		1.3.2 农业、林业和食品加工
		1.3.3 生物质加工和转化
		1.3.4 药品和保健品
	1.4 开发创新材料和加工技术	1.4.1 高性能材料设计和加工
		1.4.2 增材制造
		1.4.3 关键材料
		1.4.4 太空制造
	1.5 引领智能制造的未来	1.5.1 数字化制造
		1.5.2 制造业中的人工智能
		1.5.3 以人为本的技术应用
		1.5.4 制造业中的网络安全

支柱	目标	实施路径
2. 壮大先进制造业的劳动力队伍	2.1 扩大和丰富先进制造业人才库	2.1.1 提高对先进制造业职业的认识
		2.1.2 吸引参与度不高的社区
		2.1.3 解决服务不足群体的社会和结构性障碍
	2.2 发展、扩大和促进先进制造业教育和培训	2.2.1 将先进制造业纳入科学、技术、工程和数学的基础教育
		2.2.2 使先进制造业的职业技术教育现代化
		2.2.3 扩大和传播新的学习技术和实践
	2.3 加强雇主和教育组织之间的联系	2.3.1 扩大基于工作的学习和学徒制
		2.3.2 设立行业认可的证书和认证
3. 提升供应链弹性	3.1 加强供应链互联互通	3.1.1 促进供应链内部在供应链管理方面的协调
		3.1.2 推进供应链数字化转型的创新
	3.2 加大力度减少供应链漏洞	3.2.1 追踪供应链上的信息和产品
		3.2.2 提高供应链的可见性
		3.2.3 改善供应链的风险管理
		3.2.4 提高供应链的敏捷性
	3.3 加强和振兴先进制造业生态系统	3.3.1 促进新企业的成立和发展
		3.3.2 支持中小型制造商
		3.3.3 协助技术过渡
		3.3.4 建立和加强区域制造业网络
		3.3.5 改善公私合作关系

资料来源：《赛迪丨2022 美国先进制造业国家战略报告》，福建信息主管（CIO）网，ht-tp：//www. fjcio. cn/Item/8150. aspx。

（三）《先进制造业国家战略》的主要目标任务

1. 开发和实施先进的制造技术

美国把先进制造技术的研发和应用作为首要任务，其中的重点在于脱碳、半导体、生物经济、创新材料和智能制造五大方面。一是实现清洁和可持续的制造以支持脱碳。美国希望通过使用清洁和高效的制造技术，来减少整个产品生命周期的能源消耗及温室气体排放，进而减少制造业碳排放，以实现其承诺的到 2050 年净零排放的目标。二是加快微电子和半导体的制造创新。美国继《芯片和科学法案》后又一次强调半导体技术的重要性，并聚焦于半导体设计、制造、封装、材料等重点环节，研究新的微电子材料、设备和互连解决方案的制造和加工能力，为未来计算和存储设备提供动力。三是实施先进制造以支持生物经济。在生物制造、食品加工、生物质加工和转化、医药生产等领域，充分利用新的先进制造技术和工艺，不断提高食品安全、食品可及性以及食品供应链的弹性，并加快细胞农业、替代蛋白质和个性化营养等新领域发展。四是开发创新材料和加工技术。通过科技创新，不断提高用于高超音速飞行系统的极端温度结构材料、用于恶劣环境的材料、高强度轻质金属合金、合成生物材料等先进材料的研发制造水平和竞争力。五是引领智能制造的未来。推动新一代信息技术与制造业深度融合，实现制造业智能化、智慧化发展，打造一个高度连接的先进制造业网络，畅通整个供应链，提高产品质量和可追溯性，同时降低成本，提高制造业竞争力。

2. 壮大先进制造业的劳动力队伍

该战略认为，自动化、人工智能和机器人技术是未来十年内全球制造业工作的净增长点，为了发展强大制造业，美国应不断增加本国制造业劳动力数量，并通过灵活的教育和培训系统提高制造业劳动力的专业技能，使劳动力队伍与新技术共同进步。一是扩大和丰富先进制造业人才库。这一目标旨在应对新技术和产业变革对制造业劳动力需求的挑战，将过去很少在科学、技术、工程和数学领域工作的人进一步吸纳到制造业中，不断扩大制造业劳动力规模。二是发展、扩大和促进先进制造业教育和培训。这一目标旨在进一步强化教育培训的作用，探索新的技术和授课系统，开发提供更广泛的部门合作培训项目，让教育和培训系统能够适应先进制造业发展的需要，为制造业劳动力提供更多、更高效的学习机会。三是加强雇主与教育组织之间的联系。这一目标强调在职培训和学徒制对先进制造业的重要性，强调制造业工人供需之间的不平衡可以通过在雇主与培训和教育提供者之间建立更强大的关系来解决，并要求行业、工人代表、教育机构和政府机构之间加强合作。

3. 提升供应链弹性

该战略认为，美国需要通过改进管理和运用数字技术，进一步提升制造业供应链和生态系统的韧性。一是加强供应链互联互通。由于美国存在大量的离岸和外包活动，行业内的合作十分薄弱，必须加强供应链管理，促进供应链主体的合作，推进供应链数字化转型创新，提升中小型制造商的劳动生产率。二是加大力度减少供应链漏洞。采用新技术，不断提高物流流程的效率和有效性、减少风险并形成一支高度熟练的供应链队伍，包括追踪供应链上的信息和产品、提高供应链的可见性、改善供应链的风险管理和提高供应链的敏捷性。三是加强和振兴先进制造业生态系统。这一目标强调跨越技术、劳动力和经济发展的全方位的公私合作，对于加强和保障美国的先进制造业供应链至关重要，并有助于区域创新生态系统推动经济发展。

二　欧盟：《欧盟产业战略》

近年来，欧盟致力于推动工业数字化转型，通过制定产业政策来细化数字化转型领域的战略部署。例如，2019 年 7 月发布《2019—2024 年委员政治纲领》，重点发展数据、技术和基础设施三大领域。2020 年 2 月发布《欧洲数据战略》，强调加强数据基础设施投资，推动人工智能、网络安全、高性能计算等前沿技术发展。2021 年出台的《2030 数字化指南：实现数字十年的欧洲路径》更是指出，到 2030 年，75%的欧盟企业应使用云计算服务、大数据和人工智能，90%以上的中小企业应至少达到基本的数字化水平。面对新冠疫情和俄乌冲突带来的国际形势变化，欧盟也积极调整产业政策，于2021年更新了《欧盟产业战略》，[①] 旨在进一步提高产业竞争力，增强其供应链韧性。

（一）《欧盟产业战略》的出台背景

2020年爆发的新冠疫情，促使欧盟谋划更新其产业战略，并于2021年5月提出最新版产业战略。其内容主要基于对新冠疫情的两点反思：一是疫情发生期间成员国相互间的边境封锁，使得欧盟意识到在极端的情况下确保最低限度的"四大自由"非常重要；二是疫情使得欧盟意识到自身在产业链和供应链上，对外部世界的依赖性以及由此带来的风险。为此，该战略绘制了欧盟的战略依赖关系及欧盟进口的5200多种产品的依存度图谱，明确了欧盟高度依赖的敏感领域的130多种产品。欧盟的产业战略对重要部门即所谓"生态系统"的界定旨在加强欧盟的领先地位，该系统包括2300万家欧盟企业，其中有大量中小企业，涵盖航空航天和国防、农产品、建筑、文化创意、数字产业、电子信息、能源密集产业、可再生能源、自动驾驶等行业。[②]

（二）《欧盟产业战略》的主要内容

欧盟基于对新冠疫情的反思提出，单一市场是其最重要的资产，也应该成为欧盟企业参与国际竞争的强有力跳板。为此，欧盟最新版产业战略围绕单一市场出台了四个方面的措施。一是建立单一市场的应急机制。确保今后出现类似于新冠疫情的危机时，单一市场能够保持产品和生产要素的基本流通。二是深化单一市场。欧盟于2021年5月对单一市场做了首次评估，认为在很多领域尤其是在服务业领域单一市场深化的进展非常缓

[①] 《先进制造业政策观察》编写组编《先进制造业政策观察》（第4辑），浙江大学出版社，2022，第56页。

[②] 《经济要参 | 欧盟新产业战略：应对全球竞争和增强经济韧性》，中国发展出版社网站，https：//www.develpress.com/？p=2753。

慢，制度建设也没有跟上，今后会加快出台这方面的措施。三是加快《外国补贴条例》立法。欧盟在发布最新版产业战略的同时提出《外国补贴条例》立法提案，并强调该立法主要是弥补当前欧盟单一市场只审查成员国政府补贴而不审查外国政府补贴的制度漏洞。四是调整供应链布局。在发布最新版产业战略的同时，欧盟还发布了一份供应链对外依赖报告，对134种具有战略重要性的进口产品做了来源地分析，发现对中国、越南和巴西的依赖度最高，进口额中的52%来自中国。经过进一步细分，欧盟认为，在这134种产品中，有34种产品受限于产地而难以进行分散化或本地化生产，其余100种产品（其中一部分是高技术产品）是可以通过逐步调整而进行本地化和分散化生产的。在此基础上，欧盟提出要支持成员国政府和企业以PPP的方式建立产业联盟，实现关键技术突破，使欧盟具备自主研发和生产能力。目前已经在电池和芯片领域建立起产业联盟，未来还将扩展至氢能、半导体等领域。[1]

（三）欧盟新产业战略对中国的影响

欧盟最新版产业战略将主要从两个方面对中国产生直接影响：其一，《外国补贴条例》立法后，将直接影响我国国有企业和获得政策支持的民营企业进入欧盟市场，显著提升我国企业经营的合规成本；其二，欧盟首次在产业战略文件中提出要加强与"志同道合"国家间的供应链关系，有意以价值观划线在全球产业链重构中孤立中国。同时，该战略文件第四部分指出，当前中欧关系复杂，但是互利合作的基础仍在，双方有很多领域可加强合作的主基调并未改变。欧盟的当务之急是实现经济复苏，其供应链布局调整在中短期内难以真正开启"去中国化"进程，从疫情期间的贸易黏性上可以看出，而这为中国应对可能的负面冲击提供了"窗口期"。

---

[1] 《孙彦红：欧盟最新版产业战略及其对中欧经贸关系的影响》，中国社会科学院欧洲研究所网站，http://ies.cssn.cn/cn/work/comment/202109/t20210924_5362452.shtml。

由此可见，我们还要依托拥有最具成长性的大市场、制造业门类齐全、物流基础设施发达、劳动力素质高、经济数字化程度高等优势，提高产业政策（特别是补贴政策）实施的透明度，继续挖掘对欧洲合作潜力，服务于构建新发展格局的需要。①

三　日本："科学技术基本计划"

日本政府于1996年制订了5年一期的"科学技术基本计划"，旨在实施长期、系统、连贯的科技政策。2021年3月，日本内阁会议审议通过了"科学技术创新基本计划（2021～2025年）"，这是日本政府制订的第六期"科学技术基本计划"。②

（一）"科学技术基本计划"的更新背景

一方面，国际格局发生巨变。中美竞争促使全球秩序进入新的探索期，全球问题依然严峻，发达国家面临老龄化、社保压力等突出问题；诞生谷歌、苹果、脸书、亚马逊等新的经济主体，信息不透明导致贫富差距加大、社会不稳定。另一方面，新冠疫情给社会和生活带来新变化。疫苗、抗疫药物刺激了国际竞争和自主化原则；经济活动减少、全球供应链中断；疫情改变了人们的工作、生活方式甚至价值观，未来必须构建能够最大限度地发挥个人能力的工作机制。同时，在实施第五期"科学技术与创新基本计划"期间（2015～2020年），在科技产业发展方面，日本产学合作、大学申请专利等开放创新活动有待完善，存在科研实力下降、年轻

① 《孙彦红：欧盟最新版产业战略及其对中欧经贸关系的影响》，中国社会科学院欧洲研究所网站，http://ies.cssn.cn/cn/work/comment/202109/t20210924_5362452.shtml。
② 《日本发布"第六期科学技术与创新基本计划"》，中国科学院科技战略咨询研究院网站，http://www.casisd.cn/zkcg/ydkb/kjzcyzxkb/2021/zczxkb202105/202108/t20210809_6155315.html。

学者科研环境不佳等问题；在社会 5.0 时代需要网络空间、数字空间的高度融合，但是新冠疫情导致数字化进程迟缓，各个地方数据标准不一，导致数据无法互连和利用。因此，在制订新一期科学技术与创新基本计划时，日本修改了《科学技术基本法》，①将包括人文社会科学在内的"综合知识"纳入科技创新政策，体现新的价值观，在社会变革的背景下发挥作用。

（二）"科学技术基本计划"的目标及内容

日本政府第六期"科学技术基本计划"的目标是实现"社会 5.0"（超智能社会）的总目标，并为此制定了三大目标：一是打造可持续发展且具有韧性的社会；二是建立综合知识系统，促进新价值创造；三是培育面向新型社会的人才，同时特别提出要强化促进科技政策创新的体制。这一计划的核心内容是通过科技创新政策实现"社会 5.0"。"社会 5.0"是以构建高度融合的网络和物理空间为手段，有效促进经济发展和解决社会问题的新型社会。该计划规划了未来 5 年日本科技研发的重点领域，包括人工智能技术、生物技术、量子技术、材料科学、医疗健康、航天、海洋、环境、能源、食品、农林水产等。其中，又以材料科学、生物技术与量子技术为关键领域。②

（三）"科学技术基本计划"的主要措施

为促进新价值创造、拓展知识前沿，计划中提出三点措施。一是要改善研发环境，催生卓越的多样化研究成果。特别是在既有基础上，激发研究学者的内在动力，不断产出新知识新技术，建立面向解决社会问

---

① 《日本学术会议就修订〈科学技术基本法〉提出建议》，中国科学院科技战略咨询研究院网站，http://www.casisd.cas.cn/zkcg/ydkb/kjzcyzxkb/2020/202004/202006/t20200615_5606669.html。

② 《先进制造业政策观察》编写组编《先进制造业政策观察》（第 3 辑），浙江大学出版社，2022，第 76 页。

题的综合知识系统。为此，日本政府计划设立 10 万亿日元的大学基金，用于构建世界一流水平的大学研发基本面，培育青年人才。同时进行大学制度改革，形成多样化、有特点的大学集群，吸引社会投资。二是推进开放科学及数据驱动型研究。面向数字化大趋势，利用高质量研究数据进行高附加值且具社会影响力的研究。产学官的研究人员构建研究数据平台，管理并利用使用公共资金获得的研究数据，同时在合作与竞争战略的基础上，促进数据共享和公开；与价值观相同的国家、地区和国际组织合作，为全世界开放科学的发展做出贡献。三是培养面向新型社会的人才。创造环境，激发科学家勇攀高峰、解决难题的热情；重视初高中阶段的基础教育，整体推进科学、技术、工程、艺术、数学（STEAM）教育。营造全社会积极向学的良好环境，为社会人士提供享受继续教育的机会。

此外，计划中提出要强化鼓励科技创新的政策体制，具体内容有以下几个。一是激活创造知识和价值的资金循环。在执行第五期基本计划的过程中，日本存在研究创新能力低下、数字化发展迟缓等问题。为在激烈的国际竞争中保持优势，未来五年，日本政府计划投入研发资金 30 万亿日元，官民研发投资总额计划达 120 万亿日元。二是强化运用"综合知识"的能力。为解决新技术带来的社会伦理和制度层面上的新问题，构筑包括人文社会在内的"综合知识"体系并加以灵活运用。三是强化日本综合科学技术创新会议（CSTI）的政策制定功能及确保政策的有效性。到 2023 年底在各有关部门彻底贯彻基于证据的政策制定制度。灵活运用数字 CSTI、强化政府研发投资的管理以引导民间投资、在大学和研究开发机构中实行高度循证化管理，提升整体制定和执行政策的水平。四是实行《基本计划》与《综合战略》联动的政策评价标准。继续强化数字 CSTI，到 2023 年中开始实施自动收集监控指标和跨部门的综合评价标准，并为彻底实施循证的政策制定制度持续完善和优化评价指标。

四 韩国:《国家尖端产业培育战略》

在韩国制造业发展过程中,产业政策发挥了突出的作用。目前,韩国制造业总体水平保持世界领先,汽车、钢铁、造船、半导体、消费电子、纺织、内存、液晶显示器、工业机器人、LNG 船等产业均位于世界前列。近年来,韩国提出在尖端技术领域全球领先和建设制造业强国的目标,并出台一系列产业链供应链政策推动科技和制造业发展,取得了显著成效。

(一) 大力培育国家尖端产业

2023 年,韩国发布《国家尖端产业培育战略》,[1] 指定半导体、显示器、汽车电池、生物医药、新能源汽车和机器人为六大核心战略产业,并将确保技术领先优势、培养创新人才等确定为六大国家全力支援课题。

同时,韩国制定了《国家尖端产业带建设计划》,提出建设 15 个国家产业园区,面积规模超过 4000 万平方米,计划到 2026 年之前对六大核心战略产业投资 550 万亿韩元。其中,半导体是重中之重,投资规模将达到 340 万亿韩元。[2] 15 个国家产业园区主要包括:首都圈南部"半导体超级集群",计划引进 150 家半导体材料、零部件、设备和设计企业,形成半导体全领域的聚集效应;忠清圈选定大田、天安、清州、洪城 4 处候选地,将集中培育未来移动出行、半导体、铁路、氢能源汽车等产业;湖南圈选定光州、全南高兴、全北益山、全北完州 4 处候选地,重点发展未来汽车核心零部件、航空航天相关的产业技术;大邱和庆尚北道,大邱、安东、庆州、蔚珍 4 处被选定为候选地,集中发展新能源汽车、机器人、小型模

---

① 《韩国发布尖端产业培育战略》,百度百家号"中工网",https://baijiahao.baidu.com/s?id=1762585583221746933。

② 《韩国发布尖端产业培育战略》,百度百家号"中工网",https://baijiahao.baidu.com/s?id=1762585583221746933。

块核电站实际检验及出口的特色产业园区；庆尚南道的昌原和江原道地区的江陵则分别被选定为军工、原子能产业和生物医药产业园区的候选地。

（二）大力推动国家必备战略技术发展

2022 年，韩国发布《国家必备战略技术选定与培育保护战略》。[①] 韩国政府从供应链和贸易（经济安全）、外交和国防（国家安全）、新产业（未来创新）等综合角度出发，选定了必须掌握主导权的十大国家级战略技术，分别为人工智能、5G 和 6G、先进生物技术、半导体和显示器、二次电池（充电电池）、氢气、先进机器人和制造、量子、航空航天、网络安全。根据技术竞争力水平，韩国这十大战略技术分为先导型、竞争型、追赶型三种类型。其中，先导型包括半导体和显示器、5G 和 6G、二次电池（充电电池），相关定制型战略主要为集中支持民间企业的创新活动；竞争型包括人工智能、氢气、先进机器人和制造、网络安全，相关定制型战略聚焦于快速掌握技术并推动其商业化；追赶型包括量子、航空航天、先进生物技术，相关定制型战略主要为加强公共主导的开放合作，并从中长期角度进行技术培育。在支持举措方面，韩国政府从研发投入与人才培养、企业创新、军民合作、专利和标准活动、贸易支持、技术保护和国际合作七大方面采取具体行动。

（三）实施技术保护战略

为实现对上述十大国家级战略技术的主导权，韩国出台《全球技术霸权竞争下韩国技术保护战略》，[②] 根据各战略技术的特点确定培育和保护战略，旨在增强国家和产业的竞争力，主要包括以下几个方面的内容。

[①] 《韩国发布〈国家必备战略技术选定与培育保护战略〉》，中国科学院科技战略咨询研究院网站，http://www.casisd.cas.cn/zkcg/ydkb/kjzcyzxkb/2022/zczxkb202204/202207/t20220711_6474196.html。

[②] 张丽娟、陈奕彤：《韩国强化关键核心技术培育与保护》，《科技中国》2022 年第 4 期。

一是构建关键技术保护系统。对于拥有国家关键技术的机构，加强对其兼并、收购等相关活动的审查，将原来重点审查外国收购者有意收购50%以上韩国公司股份的兼并收购活动，改为只要有意收购30%以上的股份就要进行审查。加强对拥有国家关键技术机构的管理，拥有国家关键技术的机构要对关键技术进行注册（备案），对拥有国家关键技术的机构的技术出口及海外兼并收购等实施保护。加强国家对研发安全的管理，制定具有韩国特色的"军用技术保护认证制度"；对于安全工作做得好的机构，在选定和评估研发课题时要给予支持。

二是构建国内人才良性循环系统。建立国家关键技术人才库，对于需要到海外就业的加大关键技术人才海外就业的监测力度，并逐渐完善关键技术人才保障制度。加强对核心人才的激励，企业和政府可以按比例为关键技术人才提供激励经费（额外补贴），积极支持退休的核心人才再就业；制定职务发明补贴发放方案，激发核心人才研究热情等。加强对国防科研人员的监测和管理，为国防科学研究所的核心科研人员提供技术研发费用和研发补贴等。

三是增强中小企业技术保护和技术交易能力。构建中小企业定制型技术保护体系，完善调查和调解制度，使受到技术侵害的企业恢复正常；为企业提供诉讼各阶段的所有费用，减少受到技术侵害的中小企业的费用负担；在各技术领域部署定制型安全设施与设备，完善与中小企业技术保护相关的基础设施；促进中小企业技术交易，从2022年起投入47.6亿韩元，支持中小企业技术交易项目，推动中小企业进行技术交易；推广大企业和中小企业互助合作技术交易系统；构建委托交易技术数据库，加强交易过程中的技术保护。

四是防止互联网技术外流。以核心企业为对象构建网络安全管制系统，消除网络安全隐患。制定完善国家网络安全相关法律法规，为中小企业提供网络安全咨询服务，成立"军用技术保护中心"，预防和应对国防领域安全事故。增强民间企业自身的网络安全能力，修订适用于民间企业的公共领域网络安全指南，为民间企业构建技术保护体系提供配套资金，增加中小企业网址漏洞检查项目数量，面向建有智能工厂的企业提供咨询服务等。

<h1 style="text-align:center">第二节　我国推动科技创新和先进
制造业发展的举措和成效</h1>

2008 年全球金融危机后，发达国家纷纷推出再工业化战略，同时以制造业信息化、智能化、服务化为特征的新一轮科技和产业革命蓬勃兴起，我国制造业发展既面临严峻挑战，也迎来重大历史机遇。从挑战来看，在新一轮科技和产业革命背景下，我国制造业的粗放型发展模式不可持续，必须转向创新驱动的高质量发展模式。从机遇来看，新一轮科技和产业革命为我国制造业转型升级和创新发展提供了技术经济基础、指明了发展方向。作为世界制造业第一大国，我国必须抓住科技和产业革命的历史机遇，大力提高制造业发展质量，加快建设制造强国。

一　我国推动科技创新的主要举措和成效

习近平总书记指出，"创新是引领发展的第一动力，是建设现代化经济体系的战略支撑"[①]。党的十八大以来，在创新驱动发展战略指引下，我国不断加强科技创新顶层设计，从科技资源投入布局、战略科技力量建设、企业创新主体地位强化等方面，不断健全完善科技创新政策体系，科技创新能力不断提升，以创新为引领的发展模式逐渐形成。

---

① 《习近平著作选读》（第二卷），人民出版社，2023，第 25~26 页。

（一）我国推动科技创新的主要举措

在政策方面，2015 年 3 月，中共中央、国务院印发《关于深化体制机制改革加快实施创新驱动发展战略的若干意见》，从营造激励创新的公平竞争环境等方面提出 30 条改革意见。2015 年 9 月，中共中央办公厅、国务院办公厅发布《深化科技体制改革实施方案》，提出 10 个方面的 32 项改革举措和 143 项政策措施。2016 年 5 月，中共中央、国务院印发的《国家创新驱动发展战略纲要》，是新时期推进创新工作的纲领性文件，是建设创新型国家的行动指南。2018 年 1 月，国务院印发《关于全面加强基础科学研究的若干意见》，明确了中国基础科学研究三步走的发展目标，提出了完善基础研究布局、建设高水平研究基地、壮大基础研究人才队伍、提高基础研究国际化水平、优化基础研究发展机制和环境等重点任务。在立法方面，2015 年 8 月，第十二届全国人民代表大会常务委员会第十六次会议通过的修订后的《中华人民共和国促进科技成果转化法》，新增、调整了科技成果转化 10 个方面的 30 余项管理制度。2021 年 12 月，第十三届全国人民代表大会常务委员会第三十二次会议通过的修订后的《中华人民共和国科学技术进步法》，是科技领域的基本法，为全面促进科技进步、实现高水平科技自立自强提供法治保障。

（二）我国科技创新领域取得的主要成效

在一系列科技创新顶层设计的引领下，我国科技发展从以跟踪为主步入跟踪和并跑、领跑并存的历史新阶段；创新能力从量的积累向质的飞跃、从点的突破向系统能力提升转变；科技创新与经济社会发展的关系从"面向、依靠"向"深度融合、支撑引领"转变；创新主体从科研人员的小众向创新创业的大众转变；我国在全球科技创新格局中的位势从被动跟随向积极融入、主动布局全球创新网络转变。

目前，我国已进入创新型国家行列，创新指数在全球 132 个经济体中的排名从 2012 年的第 34 位跃升至 2022 年的第 11 位，[①] 稳居中等收入经济体首位。从研发经费投入上看，我国全社会研发经费投入总量从 2012 年的 1.03 万亿元增长到 2021 年的 2.79 万亿元，[②] 按现价计算比 2012 年增长 1.7 倍，年均增长 11.7%，投入规模仅次于美国，稳居世界第二位。[③] 研发经费投入占国内生产总值的比重从 2012 年的 1.91% 增长到 2021 年的 2.44%，[④] 接近 OECD 国家平均水平。[⑤] 从科技产出成果上看，2021 年，我国科技进步贡献率超过 60%，比 2012 年提高 8 个百分点。[⑥] 2021 年，我国专利申请授权数为 460.1 万件，[⑦] 是 2012 年 125.5 万件的 3.7 倍。[⑧] 2021 年，我国发明专利申请授权数为 69.6 万件，[⑨] 是 2012 年 21.7 万件的 3.2 倍。[⑩] 2021 年，每万人高价值发明专利拥有量达到 7.5 件，较上年提高

[①] 《我国创新指数排名升至全球第 11 位》，中工网，https：//www. workercn. cn/papers/grrb/2023/02/25/1/news-8. html。

[②] 《【中国这十年·系列主题新闻发布】我国进入创新型国家行列 10 年间研发投入强度从 1.91% 增至 2.44%》，中国经济网，http：//www. ce. cn/xwzx/gnsz/gdxw/202206/07/t20220607_37725916. shtml。

[③] 《2021 年我国研发经费投入全球第二》，国际科技创新中心网站，https：//www. ncsti. gov. cn/kjdt/kjrd/202209/t20220929_98942. html。

[④] 《何立峰：实施能源资源安全战略》，人民政协网，http：//www. rmzxb. com. cn/c/2022-06-28/3148735. shtml? eqid = e821984a0002e 6cf00000003645372b9。

[⑤] 《2021 年我国研发经费投入全球第二》，国际科技创新中心网站，https：//www. ncsti. gov. cn/kjdt/kjrd/202209/t20220929_98942. html。

[⑥] 任平：《贯彻新发展理念是新时代我国发展壮大的必由之路——奋进新征程，创造新伟业④》，《人民日报》2023 年 3 月 31 日。

[⑦] 《中华人民共和国 2021 年国民经济和社会发展统计公报》，国家统计局网站，http：//www. stats. gov. cn/sj/zxfb/202302/t20230203_1901393. html。

[⑧] 《中华人民共和国 2012 年国民经济和社会发展统计公报》，国家统计局网站，http：//www. stats. gov. cn/sj/tjgb/ndtjgb/qgndtjgb/202302/t20230206_1901956. html。

[⑨] 《国家知识产权局：2021 年共授权发明专利 69.6 万件》，光明网，https：//m. gmw. cn/baijia/2022-04-24/35683715. html。

[⑩] 《中华人民共和国 2012 年国民经济和社会发展统计公报》，国家统计局网站，http：//www. stats. gov. cn/sj/tjgb/ndtjgb/qgndtjgb/202302/t20230206_1901956. html。

1.2 件。PCT 国际专利申请达 6.95 万件，连续三年居于世界首位。[①] 从企业创新主体地位上看，2021 年，我国企业科技投入占全社会研发投入的比例为 76.9%，高于研发机构的 13.3% 和高等院校的 7.8%。[②] 规模以上工业企业 R&D 经费支出 1.75 万亿元，占全部企业 R&D 经费支出的 80.2%，规模以上工业企业有 R&D 活动企业所占比重为 38.3%，[③] 企业技术创新主体地位不断增强。从科技成果转化上看，2021 年，全国共登记技术合同 670506 项，成交金额为 37294.3 亿元，分别比上年增长 22.1% 和 32%。[④]

二　我国推动先进制造业发展的举措和成效

（一）我国推动先进制造业发展的主要举措

一是加强规划引领和政策支持。近年来，我国围绕推动先进制造业发展制定实施 70 多项规划，推动实施制造业创新中心、工业强基和产业基础再造、智能制造、绿色制造、高端装备创新等五个重大工程。特别是，在"十四五"时期，我国出台了《关于深化新一代信息技术与制造业融合发展的指导意见》《中小企业数字化赋能专项行动方案》《"十四五"信息化和工业化深度融合发展规划》《"十四五"数字经济发展规划》《"十四五"机器人产业发展规划》《"十四五"智能制造发展规划》等支持先进制造业发展的政策文件，推动先进制造业发展逐步向纵深挺近。二是推动制造

[①] 《国家知识产权局：2021 年共授权发明专利 69.6 万件》，光明网，https://m.gmw.cn/baijia/2022-04/24/35683715.html。

[②] 《2021 年全国科技经费投入统计公报》，中国政府网，https://www.gov.cn/xinwen/2022-08/31/content_5707547.htm。

[③] 《中国统计年鉴 2022》，国家统计局网站，http://www.stats.gov.cn/sj/ndsj/2022/index-ch.htm。

[④] 《关于公布 2021 年度全国技术合同交易数据的通知》，科学技术部火炬高技术产业开发中心网站，http://www.chinatorch.gov.cn/kjb/tzgg/202202/a4d545c0462c4f53b9f430599c152eed.shtml。

业向高端化迈进。实施重大技术改造升级工程，开展淘汰落后产能专项行动，实施"三品"行动和重点行业质量提升行动。推动制造业智能化升级，建成700多个数字化车间/数字工厂，实施305个智能制造试点示范项目和420个新模式应用项目，培育6000多家系统解决方案供应商。[①] 推动制造业绿色化转型，推广约2万种绿色产品，创建近3000家绿色工厂，培育近200家绿色制造供应商。[②] 实施产业基础再造工程，进行关键核心技术攻关，以需求为导向解决产业发展技术难题，推动产业协同创新。推动强链补链固链稳链，在重点优势领域积极锻造长板，前瞻布局一批未来产业，提升产业链核心竞争力；鼓励产业链龙头骨干企业与上中下游中小企业在技术攻关、生产验证、标准制定等方面加强合作，构建产业链融合生态；高质量共建"一带一路"，加强多边创新和产能合作，促进全球产业链供应链深度融合，维护全球产业链供应链安全与稳定。大力支持服务型制造发展，发布《关于进一步促进服务型制造发展的指导意见》，开展第三批服务型制造示范遴选。大力推动人工智能与实体经济融合，批复8个国家人工智能创新应用先导区建设，大力推动5G基站、工业互联网平台、算力中心等信息基础设施建设，人工智能核心产业规模超过4000亿元，企业数量超过3000家。[③]

（二）我国先进制造业发展主要成效

我国制造业综合实力不断提升。规模优势不断巩固，2010年以来，我国制造业规模连续12年居世界首位，制造业增加值从2012年的16.98万亿元增长至2021年的31.4万亿元，占全球比重从2012年的22.5%提高至

---

① 《我国人工智能融合应用走深向实》，经济参考报网站，http：//www.jjckb.cn/2022-08/04/c_1310649382.htm。

② 《"灯塔工厂"示范中国制造业未来》，光明网，https：//m.gmw.cn/baijia/2022-09-26/36048976.html。

③ 《工信部：我国人工智能核心产业规模超过4000亿元》，中国科技网，http：//stdaily.com/index/kejixinwen/202206/f577f33796d4454c9204c3599fce1981.shtml。

2021 年的约 30%。① 我国制造业体系完整，拥有制造业全部 31 个大类、179 个中类、609 个小类。② 产品竞争力不断增强，我国技术密集型的机电产品、高技术产品出口额分别由 2012 年的 7.4 万亿元、3.8 万亿元增长到 2021 年的 12.8 万亿元、6.3 万亿元，制造业中间品贸易在全球的占比达到 20% 左右，③ 2021 年入围世界 500 强的工业和信息化领域品牌数量从 2012 年的 10 个增加到 24 个。④ 制造业供给体系质量大幅提升，在世界 500 种主要工业产品中，我国有四成以上产品产量位居世界第一。如新能源汽车产量连续 7 年位居世界第一；2021 年 5G 手机出货量 2.7 亿部，占同期手机出货量的 75.9%。制造业生产模式发生深刻变革，从数字化上看，重点工业企业关键工序数控化率、数字化研发设计工具普及率 2021 年分别达到 55.3% 和 74.7%；从绿色化上看，规上工业单位增加值能耗 "十二五" "十三五" 期间分别下降 28% 和 16%，2021 年又进一步下降 5.6%；从服务型制造上看，2021 年第三批服务型制造示范企业的服务营收占总营收的比重已达 48%。中国制造迈向中国创造的步伐不断加快，制造业研发投入强度从 2012 年的 0.85% 增加到 2021 年的 1.054%；专精特新 "小巨人" 企业平均研发强度达到 10.3%；拥有 23 家国家制造业创新中心和国家地方共建制造业创新中心；规上工业企业新产品收入占业务收入比重从 2012 年的 11.9% 提高到 2021 年的 22.4%。市场主体活力和实力不断增强，截至 2021 年底，规上工业企业达 40 万家，比 2012 年增长 23.5%；已培育 4 万多家 "专精特新" 中小企业、4700 多家专精特新 "小巨人" 企业、800 多家制造业单项冠军企业。⑤

---

① 《连续 12 年保持世界第一制造大国地位 我国产业发展综合实力稳步提升》，中国政府网，https：//www.gov.cn/xinwen/2022-10/11/content_5717367.htm。

② 王政：《稳链强链 优化布局》，《人民日报》2022 年 8 月 13 日。

③ 《制造业增加值占全球比重近 30% 我国制造业综合实力持续提升》，中国政府网，https：//www.gov.cn/xinwen/2022-07/26/content_5702895.htm。

④ 王政：《我国四成以上主要工业产品产量世界第一》，《人民日报》2022 年 6 月 26 日。

⑤ 王政：《我国制造业综合实力持续提升》，《人民日报》2022 年 8 月 3 日。

第三节 世界主要国家推动科技创新和先进制造业发展的特点

通过对世界主要国家推动科技创新和先进制造业发展的情况进行梳理不难看出，目前世界主要经济体都将科技创新和先进制造业发展作为引领经济社会发展的重要推动力、谋求世界领导地位的重要抓手、保障国家和地区安全的重要举措，纷纷从顶层设计上加以重点谋划、整体部署和全力推动。世界主要国家和地区推动科技创新和先进制造业发展整体呈现以下几个特点。

一 发力争夺全球科技创新和先进制造的领导地位

当前，新一轮科技革命和产业变革正在重构全球创新版图、重塑世界各国经济地位，世界主要经济体都将科技创新和先进制造发展作为提升全球领导力、影响力、竞争力的重要内容。例如，美国《先进制造业国家战略》提出了美国要在先进制造业方面保持全球领导地位的目标；欧盟的《欧盟产业战略》目标也是确保欧盟在科技产业领域保持全球领先地位；日本的"科学技术基本计划"和韩国的一系列政策也是通过强化顶层设计，强化在科技创新和制造业相关领域的领先地位。纵观人类社会发展历史可以发现，三次工业革命本质上都是以各类原创性创新技术为起点和推动力，带来了整个人类社会生产效率和生活方式的巨大变革。当前，新一轮科技革命正在发生，颠覆性技术层出不穷，虚拟现实、量子信息技术、新能源技术、增材制造技术、新材料技术以及基因技术等新技术发展势头迅猛，对经济的带动作用越发明显。全球主要经济体正在发力抢占新兴科技制高点，并纷纷通过数字化、智能化、绿色化、服务化改造传统制造业，同时结合本国产业特色，聚焦优势领域，提升本国或本地区在全球先进制造业中的地位。

二　高度重视人才的引进培养

人才是第一资源，创新驱动实质上是人才驱动，谁拥有一流的创新人才，谁就拥有科技创新和产业发展的优势和主导权。美国在《先进制造业国家战略》中提出了壮大先进制造业劳动力队伍的目标任务；日本"科学技术基本计划"中提出培养面向新型社会的人才；韩国在《全球技术霸权竞争下韩国技术保护战略》中提出构建国内人才良性循环系统；等等。在现代知识经济和创新驱动的时代，人才资源已成为重要的生产要素，世界主要经济体都通过加大教育培训力度、构建关键领域人才库、打造与先进制造业相匹配的劳动力队伍、加强人才激励机制等措施，培养、使用、激励人才，这样才能不断增强人才的创造和创新能力，不断提升本国人才竞争力。

三　注重提升产业链供应链的稳定性和韧性

产业链供应链稳定、安全，是大国经济必须具备的重要特征，也是提高国家安全能力的关键一环。近年来，地缘政治紧张、贸易摩擦频发，对全球化体系下的产业链和供应链造成不同程度的冲击，世界主要经济体都发现了自身产业链供应链的脆弱性，纷纷出台政策加强产业链和供应链的可持续性和自主性，从而提高对外部不确定因素的抵御能力。例如，美国《先进制造业国家战略》中提出要提升供应链弹性；欧盟在《欧盟产业战略》中提出调整供应链布局；等等。世界主要经济体重塑自身产业链供应链主要是通过将供应策略从离岸外包转为近岸或回岸，从而缩短生产到市场的运输距离，降低洲际物流中断的风险；另外，将单一国家采购分散至多国采购以分散风险。同时，大力推动产业链供应链数字化转型和低碳化转型，摆脱传统产业链供应链对石化能源的依赖，强化产业链供应链风险监控。

四 突出加强中小企业的培育和扶持

世界银行测算，中小企业贡献了全球 90% 的商业活动，创造了一半以上的就业岗位。[①] 新冠疫情给中小企业的生存带来巨大挑战，世界各主要经济体相继出台紧急救助措施，支持中小企业渡过难关，同时加大知识产权保护力度，关注中小企业长远发展。例如，美国《先进制造业国家战略》提出加大对中小制造商的支持力度；韩国提出增强中小企业技术保护和技术交易能力；等等。世界主要经济体采取纾困措施，支持陷入困境的中小企业并帮助他们恢复投资和生产，这对稳定就业市场、促进经济复苏具有十分重要的意义。

第四节　世界主要国家发展科技创新和先进制造业给东莞的启示

一 世界主要国家推动科技创新和先进制造业发展的启示

梳理美国、欧盟、日本、韩国等世界先进经济体最新科技创新和先进制造业政策，可以得出以下几点启示。一是国家战略化。世界主要国家都已将推动科技创新和先进制造业发展作为国家战略，制定了系统性的国家

---

① 敬宜、刘军国、刘玲玲、周輖：《多国积极扶持中小企业发展》，《人民日报》2021 年 1 月 19 日。

创新和先进制造业发展政策，并在这些政策指导下，系统有效地进行产业升级，推动先进制造业发展。二是制造信息化。世界先进经济体不断强化新一代信息技术与制造业的融合发展，推动先进制造模式的创新和应用，实现组织、技术、人员等资源的有机集成和优化。三是制造服务化。先进制造业与现代服务业的融合速度加快，制造模式从传统生产制造向产品全生命周期管理的服务型制造拓展。四是发展绿色化。绿色低碳已成为科技创新和先进制造业发展的战略方向。五是创新系统化。世界主要国家和地区不断完善国家创新系统与区域创新系统，为先进制造业发展提供重要支撑。

二　东莞积极参与国际科技产业竞争的思路

世界主要国家推动科技创新和先进制造业发展呈现出的国家战略化、制造信息化、制造服务化、发展绿色化、创新系统化的情况应引起我们高度重视。东莞已是全国第 15 个"双万"城市，作为国内外知名的制造业大市、创新强市，制造基础、科技实力、市场空间等方面都走在全省乃至全国前列。东莞应把发展目标定位在代表国家、代表粤港澳大湾区参与国际科技产业竞争的高度来谋划长远发展策略。具体来说应做到以下几个方面。

（一）要加强基础研究，将东莞打造成具有重要影响力的原始创新策源地

目前，东莞拥有全国唯一的散裂中子源大科学装置且已建成并成功投入使用，正在推动散裂中子源二期、先进阿秒激光装置、南方先进光源等重大科技基础设施建设，重大科技基础设施集群已初具雏形。东莞应进一步加大与中国科学院、中国工程院、科学技术部、国家发改委、工信部等国内顶级科研机构和相关部委的合作力度，发挥大科学装置的优势，积极

争取物质科学、材料科学、信息科学等领域的国家重大科技项目在东莞立项。鼓励支持科研机构、在莞高校、龙头企业依托重大科技基础设施，组织重大科学问题前瞻研究、前沿技术预见研究、基本原理探索和技术概念验证等活动，努力突破一批核心关键技术和颠覆性技术。加快推动松山湖材料实验室、粤港澳中子散射科学技术联合实验室等面向未来产业的前沿基础研究平台建设，夯实前沿技术突破的物质技术基础，聚焦重大科学前沿问题，超前布局可能引发重大变革的基础研究和应用基础研究，带动前瞻性、战略性、颠覆性技术创新。

（二）要前瞻布局未来产业，努力抢占未来产业竞争制高点

未来产业是引领重大变革的颠覆性技术及其新产品、新业态所形成的产业。未来产业潜力十足、前景广阔，我国很多省市都在积极谋篇布局，已有多个省市出台了相关政策文件推动未来产业发展，广州、深圳、惠州等城市也明确了未来产业的发展目标、路径和主要任务。东莞应抓住新一轮科技革命和产业变革的重大机遇，紧盯未来产业发展新趋势，加大与国家战略对接力度，依托散裂中子源、南方先进光源等大科学装置，聚焦新概念材料、量子技术、类脑智能、边缘计算、通用航空航天等高精尖前沿未来领域，前瞻布局未来产业，引领带动新兴产业前瞻性突破，打造未来产业发展先发优势。

（三）要强化科技产业合作，构建面向全球的开放型经济体系

东莞应牢牢把握构筑国内国际双循环新发展格局的重大机遇，在更大范围、更宽领域、更深层次加强与世界主要国家和地区的科技产业合作，推动东莞经济深度融入全球产业链、供应链和价值链，为建设双循环战略支点贡献力量。东莞要以全球视野谋划和推动科技产业合作，面向大湾区、全国、全世界搭建开放合作平台，积极对接港澳科技创新资源，打造科技创新共同体；与国内创新强市在基础研究、前沿交叉领域开展深入合

作；依托大科学装置与全球同类设施建立链接，主动融入全球科技产业网络，不断提高汇聚创新资源的能力，形成科技创新国内协同、国际合作相互促进的新发展格局。要加强重点领域开放合作，扩大先进制造业外资准入，鼓励外商投资高端制造、智能制造、绿色制造等先进制造业。支持制造业龙头企业强化核心技术研发，不断提高产品技术含量和附加值，深入参与全球产业链分工和价值链重组。加强与欧美发达国家在智能制造、新能源、低碳环保、生命健康等领域的产业合作。

（四）要推进产业基础再造，提升产业链供应链的安全性稳定性

重点围绕产业基础能力薄弱环节，大力开展稳链、补链、强链、拓链，推动产业基础再造，强化龙头骨干企业培育，推动产业转型升级和质量品牌建设，不断提升产业链供应链的安全性稳定性。大力实施产业基础再造工程，加快发展自动控制与感知、核心软硬件、工业云与智能服务平台、工业互联网等制造业新基础，加大对制造业基础零部件、关键材料、工业软件及检测平台投入力度，加快补齐产业基础短板。深入实施重点产业链"链长制"，制定产业发展路线图，绘制产业链全景图谱，制定重点招商目录，围绕产业链核心缺失环节开展精准招商。聚焦优势产业和战略性新兴产业集中力量突破基础原材料、关键元器件等领域核心技术，提升产业链供应链的自主性和安全性。

第三章　东莞市科技创新和先进制造业
耦合协调度评价研究

　　坚持科技创新和先进制造业协调发展，是建设现代化产业体系、推进新型工业化、加快建设制造强国的必由之路，是深入实施创新驱动发展战略、加快完善科技创新体系、实现高水平科技自立自强的必然选择，是贯彻新发展理念、构建新发展格局、推动高质量发展的核心要义。东莞应充分发挥自身制造业发达优势，强化科技创新的引领支撑作用，推动先进制造业与科技创新协调发展。

第一节　科技创新与先进制造业融合发展的重要意义

一　建设现代化产业体系的必然要求

　　习近平总书记在党的二十大上提出了"建设现代化产业体系"[①] 的战略任务。现代化产业体系是现代化国家的物质支撑，也是实现经济现代化的重要标志。一般认为，现代化产业体系是以科技创新为核心，各种前沿

---

① 《习近平著作选读》（第一卷），人民出版社，2023，第25页。

高新技术和新一代信息技术对各次产业融合渗透，推动生产方式实现数字化、网络化、智能化和绿色化，以高端化、个性化、服务化的产品供给满足市场的异质性需求，实现产业链、供应链安全、自主、可控，在新一轮全球科技产业竞争中赢得主动权的产业体系。为此，我们要坚持科技创新在现代化建设全局中的核心地位，以制造业为重点，不断增强自主创新能力和科技成果转化能力，积极推进工业化和信息化融合、先进制造业和现代服务业融合，大力发展先进制造业，培育壮大战略性新兴产业，加快发展数字经济，不断提升新型工业化的水平和质量，筑牢现代化经济体系的底盘和根基，加快建设制造强国和科技强国。

二　构建双循环新发展格局的必然选择

党的二十大报告中强调，"增强国内大循环内生动力和可靠性，提升国际循环质量和水平"[①]。这是新形势新条件下对构建新发展格局提出的新的重大要求，是新时代新征程全面建设社会主义现代化国家需要采取的重大举措。近年来，逆全球化思潮抬头，单边主义、保护主义明显上升，世界经济复苏乏力，局部冲突和动荡频发，以强大国内市场来对冲和化解外部冲击与外需下降带来的影响具有现实紧迫性。当前，我国已经形成拥有14亿多人口、4亿多中等收入群体的全球最大最有潜力市场，[②] 拥有全球最完整、规模最大的工业体系和完善的配套能力，具备较强的技术创新能力和强大的生产能力，在市场规模、产业体系、人力资源、区域格局等方面具有巨大发展优势和潜力。但是，我国产业基础依然较弱，关键核心技术"卡脖子"问题突出，外部的打压遏制造成的"脱钩""断链"风险加剧；原始创新能力较弱，基础研究缺少"从0到1"的原创性成果；石油、

---

① 《习近平著作选读》（第一卷），人民出版社，2023，第 24 页。

② 国家发展和改革委员会：《努力推动经济实现质的有效提升和量的合理增长》，《求是》2023 年第 4 期。

天然气、铁矿石等能源矿产资源对外依存度高；等等。为此，要通过科技创新进一步提升供给能力，不断强化企业科技创新主体地位，以强大有效的供给能力穿透循环堵点，不断提高供给质量和水平。要夯实产业基础，打好产业基础高级化、产业链现代化的攻坚战，推动制造业高端化、智能化、绿色化发展。要在半导体、软件、先进材料和关键装备等领域，提升战略性资源供应保障能力，提升产业链、供应链韧性和安全性，实现产业链、供应链的自主可控、安全高效，确保在极端情况下我国经济建设正常运行和社会大局保持稳定。

三 大力发展数字经济的内在要求

党的二十大报告中指出，要"加快发展数字经济，促进数字经济和实体经济深度融合"[①]。当前，大数据、云计算、人工智能等新一代数字技术是创新最活跃、应用最广泛、带动力最强的科技领域。新一代数字技术与各产业结合形成数字化生产力和数字经济，是现代化经济体系发展的重要方向。数字化转型已经成为全球经济发展的大趋势，围绕数字技术、标准、规则、数据的国际竞争日趋激烈。为此，我们要以数字化带动生产制造和分销售后等环节全面优化升级，牵引生产和服务体系智能化升级，促进产业链、价值链延伸拓展、融合发展；要加快推广数字领域新技术、新业态、新模式，打造经济发展新引擎；要提高数字技术基础研发能力，加快解决数字领域关键核心技术受制于人的问题，加强新一代数字技术产业布局，抢占未来竞争制高点；要培育壮大新兴数字产业，提升通信设备、核心电子元器件、关键软件等相关产业发展水平。

[①] 《习近平著作选读》（第一卷），人民出版社，2023，第25页。

第二节 科技创新和先进制造业的协同关系

科技创新与先进制造业的协同关系，从根本上说属于创新与产业的关系范畴。目前，这一领域一直是学术研究的热点，大量国内外学者从理论和实证的角度对二者关系进行了研究。例如，李胜文等利用 1998~2010 年制造业企业经验数据进行实证分析，发现科技创新对产业升级具有显著贡献。[①] 杨智峰等通过建立投入产出模型分析各产业部门产出增长，发现科技进步推动了 2002~2007 年的产业结构优化升级。[②] 王维认为，中国工业转型升级的制约因素之一就在于科技创新效益不高。[③] 李杰在研究产业结构演进的一般规律后发现，技术密集化和信息化将是制造业发展的方向及其结构演进的核心动力。[④] 这些丰富的研究成果为我们的研究奠定了坚实的理论基础，本书将在这些研究的基础上，以科技创新和先进制造业的关系为切入点，研究二者的协同问题。

一 科技创新为先进制造业发展提供强大技术支撑

科技创新产生的新技术能够让先进制造业生产过程变得更加灵活，提高产品精准度，促进分布式制造发展，为大规模生产流程优化提供机遇，推动先进制造业向价值链高端迈进。例如，适应性自动化技术可以对人和机器人团队进行编排重组，并通过各类功能感应器对生产、销售等产品生

[①] 李胜文、杨学儒、檀宏斌：《技术创新、技术创业和产业升级——基于技术创新和技术创业交互效应的视角》，《经济问题探索》2016 年第 1 期。

[②] 杨智峰、陈霜华、汪伟：《中国产业结构变化的动因分析——基于投入产出模型的实证研究》，《财经研究》2014 年第 9 期。

[③] 王维：《全球视角下的中国工业转型升级制约因素分析》，《亚太经济》2012 年第 4 期。

[④] 李杰：《产业结构演进的一般规律及国际经验比较》，《经济问题》2009 年第 6 期。

命周期的各阶段情况进行及时的反馈评估，从而改善设计、提升质量、优化整体性能。又如，战略性产业共性技术的研发与供给，可以推进产业链、创新链深度融合，不断增强先进制造业高水平发展的内生动力。

二　科技创新可以催生新产品和新产业类型

新技术可以催生新产品、新商机甚至新的产业，激发新需求，创造出大量经济活动。例如，材料和表面纳米工程能够使功能性材料和多功能性材料在纳米级和微米级进行新合成和排列，不但改变了材料的自然形态，而且创造出了自然界前所未有、功能更优的合成材料。新技术催生的战略性新兴产业已成为我国新旧动能转化的重要支撑。

三　科技创新可以有力促进传统产业转型升级

近年来，国家创新体系的建设和战略科技力量的强化，为制造业高质量发展提供了坚实的科技支撑。互联网、大数据、云计算、人工智能等先进技术与实体经济深度融合，有效促进了传统产业转型升级，塑造培育了新的经济增长点，为先进制造业高质量发展提供了新动能。

四　科技创新可以有效提升产业国际竞争力

科学研究与广泛的工业实践、商业驱动有机结合，能够促进技术进步，激发重大创新，为制造业企业规模和实力提升创造有利条件。例如，随着科学技术对产业的进一步支撑，我国新一代移动通信、核电、光伏、高铁、互联网应用、基因测序等领域已具备了世界领先的研发水平和应用能力，涌现出一大批富有国际竞争力的领军企业，并对重点产业领域产生良好的示范引领作用。

科技创新与先进制造业协同关系如图 3-1 所示。

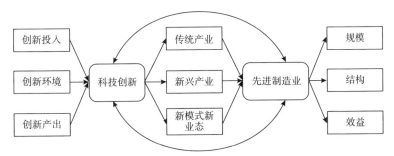

图 3-1　科技创新与先进制造业协同关系

图示来源：笔者自制。

第三节　基于耦合协调度的科技创新 与先进制造业协同发展测度

一　模型选择

根据上文对科技创新和先进制造业关系的研究，可以看出科技创新和先进制造业作为两个系统既相互独立又相互依存，一方存在以另一方为基础。因此，可采用耦合协调度模型测度二者之间相互影响、相互作用的程度。

耦合原是物理学中的概念，指两个或两个以上的体系或运动之间通过各种相互作用而彼此影响的现象。协调指各要素或主体和谐一致、配合得当的关系，是描述事物之间良性循环和健康发展的关系的概念。[①] 耦合协调度就是通过数值表现出来的系统间的耦合协调关系。在对经济社会问题

---

① 杨玉珍：《我国生态、环境、经济系统耦合协调测度方法综述》，《科技管理研究》2013年第 4 期。

进行研究时，耦合协调度决定了处于临界状态的系统的演化方向。例如，科技创新和先进制造业两个系统间会产生相互作用力，在两者相互影响达到临界点时，两者间的耦合协调关系会促进创新要素配置的优化和先进制造业的高质量发展。因此，可以从耦合协调理论出发，探讨科技创新和先进制造业的耦合协调关系。

二 指标体系的设计

根据上文对科技创新和先进制造业的协同关系研究，在设计科技创新和先进制造业耦合协同评价指标体系时，将指标体系分为科技创新子系统和先进制造业子系统。其中，科技创新子系统包含创新投入、创新产出和创新环境等一级指标；先进制造业子系统包含规模、结构、效益等一级指标。

各子系统二级指标根据相关研究成果以及国家、省、市的经济社会发展"十四五"规划、先进制造业发展规划、科技创新发展"十四五"规划中提出的相关目标来确定。其中，科技创新子系统中创新投入一级指标下设全社会研发投入占地区生产总值比重、规上工业企业研发人员折合全时当量、科学技术支出占一般公共预算支出比重等二级指标。全社会研发投入占地区生产总值比重反映科技创新能力，规上工业企业研发人员折合全时当量指标反映科技创新人员投入情况，科学技术支出占一般公共预算支出比重反映财政科技投入强度。创新产出一级指标下设发明专利授权量占专利授权量比重、规上工业企业新产品销售收入占营业收入比重、技术合同实现金额等二级指标。创新环境指标包括高校在校学生数占常住人口比重、科技企业孵化器（加速器）数量、规上工业企业有研发机构企业数占规上工业企业数量比重等二级指标。

先进制造业子系统中规模一级指标下设规上先进制造业企业数、规上先进制造业工业增加值等二级指标。结构一级指标下设规上先进制造业企业数占规上工业企业数量比重、规上先进制造业增加值占工业增加值比重、规上先进制造业利润总额占规上工业企业利润总额比重等二级指标。效益一级指标下设规上先进制造业工业增加值率、规上先进制造业资产贡献率、规上先进制造业全员劳动生产率等二级指标。具体评价指标体系如表 3-1 所示。

表 3-1　科技创新与先进制造业耦合协同评价指标体系

子系统	一级指标	二级指标	备注
科技创新	创新投入	全社会研发投入占地区生产总值比重（%）	$X1$
		规上工业企业研发人员折合全时当量（人年）	$X2$
		科学技术支出占一般公共预算支出比重（%）	$X3$
	创新产出	发明专利授权量占专利授权量比重（%）	$X4$
		规上工业企业新产品销售收入占营业收入比重（%）	$X5$
		技术合同实现金额（万元）	$X6$
	创新环境	高校在校学生数占常住人口比重（%）	$X7$
		科技企业孵化器（加速器）数量（家）	$X8$
		规上工业企业有研发机构企业数占规上工业企业数量比重（%）	$X9$
先进制造业	规模	规上先进制造业企业数（家）	$Y1$
		规上先进制造业工业增加值（万元）	$Y2$
	结构	规上先进制造业企业数占规上工业企业数量比重（%）	$Y3$
		规上先进制造业增加值占工业增加值比重（%）	$Y4$
		规上先进制造业利润总额占规上工业企业利润总额比重（%）	$Y5$
	效益	规上先进制造业工业增加值率（%）	$Y6$
		规上先进制造业资产贡献率（%）	$Y7$
		规上先进制造业全员劳动生产率（元/人）	$Y8$

资料来源：笔者根据相关研究成果结合本书研究实际，选择相应指标建立。

三　研究对象及数据来源

本书以东莞市作为研究对象。东莞作为国内外知名的制造业城市，始终坚持"制造业立市"的原则不动摇，深入实施创新驱动发展战略，以科

45

技赋能制造业高质量发展，先后实施"机器换人""倍增计划"等以先进制造业发展为核心的重要发展战略，不断推动制造业向智能化、绿色化、高端化发展，取得显著成效。特别是 2022 年，东莞以成为全国第 15 个常住人口超千万、GDP 超万亿元的"双万"城市为契机，提出聚焦"科技创新+先进制造"的城市特色推进高质量发展的战略目标，举全市之力打造科创制造强市。这一目标的提出既是东莞应对新时代新发展阶段的新要求做出的科学决策，也是东莞应对国际国内形势变化做出的战略选择，更是东莞破解自身发展短板的必然要求。本书选择 2012~2021 年东莞科技创新与先进制造业数据进行研究，数据主要来自 2013~2022 年《东莞统计年鉴》、《东莞市国民经济和社会发展统计公报》、东莞政府工作报告等。

四　耦合协调度计算模型

（一）数据标准化处理[①]

在计算耦合协调度前，首先要对原始数据进行标准化处理。设 x_{ij} 代表第 i 个样本指标 j 的原始数据，X_{ij} 代表第 i 个样本指标 j 的标准化数据，则原始数据标准化计算公式为：

$$X_{ij} = \frac{x_{ij} - \min(x_{ij})}{\max(x_{ij}) - \min(x_{ij})} \tag{3-1}$$

$$X_{ij} = \frac{\max(x_{ij}) - x_{ij}}{\max(x_{ij}) - \min(x_{ij})} \tag{3-2}$$

其中，式（3-1）为正向指标标准化计算公式，式（3-2）为反向指标标准化计算公式。

---

① 舒小林、高应蓓、张元霞、杨春宇：《旅游产业与生态文明城市耦合关系及协调发展研究》，《中国人口·资源与环境》2015 年第 3 期。

（二）熵权法计算指标权重[①]

熵是对不确定性的一种度量。信息量越大，不确定性就越小，熵也就越小；信息量越小，不确定性越大，熵也就越大。因此，可结合各项指标的变异程度，利用信息熵这个工具，计算出各项指标的权重，为多指标综合评价提供依据。

首先，计算 j 指标下第 i 个样本所占的比重，作为相对熵计算中用到的概率：

$$\rho_{ij} = \frac{x_{ij}}{\sum\limits_{i=1}^{n} x_{ij}}, \; (i = 1, 2, \cdots, n; j = 1, 2, \cdots, m) \tag{3-3}$$

其次，计算 j 指标的熵值：

$$e_j = -k \sum_{i=1}^{n} \rho_{ij} \ln(\rho_{ij}) \tag{3-4}$$

其中，通常令 $k = \dfrac{1}{\ln(n)}$ 。

再次，计算 j 指标的差异系数：

$$d_j = 1 - e_j \tag{3-5}$$

最后，计算 j 指标的权重：

$$\omega_j = \frac{d_j}{\sum\limits_{j=1}^{m} d_j} \tag{3-6}$$

（三）计算耦合协调度[②]

运用耦合协调度模型计算耦合协调度：

———————————

① 陈伟忠、周春应：《中国区域科技金融与技术创新耦合协调度分析》，《生产力研究》2021年第6期。

② 刘宏笪：《双循环格局与产业科技创新的耦合协调分析》，《科学学研究》2022年第7期。

$$C = 2\left[\frac{(U_1 U_2)}{(U_1 + U_2)^2}\right]^{\frac{1}{2}} \tag{3-7}$$

$$U_i = \sum_{j=1}^{m} \omega_j X_{ij} \tag{3-8}$$

其中，C 为耦合度，代表系统协调关系程度，U_1 为科技创新子系统综合评价指数、U_2 为先进制造业子系统综合评价指数。基于 C 值可以初步判断科技创新子系统与先进制造业子系统的相互关系。由于两个子系统可能存在低水平耦合状态，协调关系程度不一定能说明二者的真实耦合水平，故构建系统耦合度优化测度模型：

$$T = \alpha U_1 + \beta U_2 \tag{3-9}$$

$$D = \sqrt{CT} \tag{3-10}$$

其中，D 为科技创新与先进制造业系统耦合协调度，T 为两个系统的协调指数，α 和 β 为综合评价指数系数，满足 $\alpha + \beta = 1$ 的内生关系。一般情况下，科技创新和先进制造业子系统互为补充、互相依赖，故认为二者同等重要，将 α 和 β 统一取值为 0.5。

（四）耦合协调度等级划分标准

利用连续型分布函数来确定耦合协调的类型[①]，如表 3-2 所示。

表 3-2　耦合协调度等级划分标准

D 值区间	协调等级	耦合协调程度
(0.0, 0.1)	1	极度失调
[0.1, 0.2)	2	严重失调
[0.2, 0.3)	3	中度失调

---

① 赵巍、马婧：《新发展格局与经济高质量发展若干理论与实践问题——我国沿海地区金融发展、科技创新和经济开放的系统耦合度研究》，《南京理工大学学报》（社会科学版）2022 年第 4 期。

D 值区间	协调等级	耦合协调程度
[0.3，0.4)	4	轻度失调
[0.4，0.5)	5	濒临失调
[0.5，0.6)	6	勉强协调
[0.6，0.7)	7	初级协调
[0.7，0.8)	8	中级协调
[0.8，0.9)	9	良好协调
[0.9，1.0)	10	优质协调

五　东莞科技创新和先进制造业耦合协调实证分析

（一）东莞科技创新与先进制造业耦合协调度

首先，对原始数据进行标准化处理。由于东莞科技创新和先进制造业耦合协同评价指标体系中的指标均为正向指标，故采用公式（3-1）对原始数据进行标准化。同时，运用公式（3-3）、公式（3-4）、公式（3-5）、公式（3-6）通过熵权法计算各指标权重，结果如表3-3所示。

表 3-3　2012~2021 年东莞科技创新与先进制造业耦合协同评价指标标准化值

年份	X1	X2	X3	X4	X5	X6	X7	X8	X9
2012	0.000	0.008	0.000	0.023	0.000	0.002	0.000	0.000	0.003
2013	0.167	0.000	0.424	0.000	0.062	0.007	0.119	0.000	0.000
2014	0.233	0.069	0.129	0.205	0.258	0.000	0.250	0.124	0.079
2015	0.292	0.045	1.000	0.573	0.285	0.000	0.905	0.239	0.219
2016	0.337	0.054	0.749	0.946	0.598	0.002	0.869	0.442	0.611
2017	0.375	0.084	0.918	0.659	0.701	0.038	0.940	0.788	0.711
2018	0.437	0.507	0.937	0.537	1.000	0.077	0.976	0.903	0.993
2019	0.608	0.589	0.075	1.000	0.892	1.000	1.000	1.000	0.812

续表

年份	X1	X2	X3	X4	X5	X6	X7	X8	X9
2020	0.808	0.714	0.518	0.771	0.880	0.304	0.786	0.965	0.875
2021	1.000	1.000	0.380	0.866	0.719	0.278	0.821	0.973	1.000
权重	0.067	0.171	0.081	0.074	0.072	0.278	0.059	0.099	0.099

年份	Y1	Y2	Y3	Y4	Y5	Y6	Y7	Y8
2012	0.000	0.000	0.000	0.000	0.000	0.286	0.175	0.000
2013	0.063	0.154	0.027	0.333	0.117	0.771	0.250	0.258
2014	0.075	0.164	0.078	0.292	0.304	0.086	0.150	0.293
2015	0.105	0.202	0.117	0.475	0.313	0.086	0.175	0.311
2016	0.135	0.363	0.192	0.642	0.377	0.000	0.350	0.558
2017	0.503	0.587	1.000	0.692	0.573	0.486	1.000	0.434
2018	0.502	0.654	0.982	0.842	0.378	0.171	0.000	0.665
2019	0.810	0.761	0.970	0.983	0.731	0.171	0.325	0.710
2020	0.885	0.831	0.933	1.000	0.550	0.514	0.275	0.836
2021	1.000	1.000	0.900	0.792	1.000	1.000	0.725	1.000
权重	0.178	0.111	0.181	0.071	0.095	0.156	0.128	0.080

其次，运用公式（3-8）计算科技创新子系统综合评价指数（U_1）和先进制造业子系统综合评价指数（U_2），2012~2021 年东莞科技创新和先进制造业综合评价指数如表 3-4 和图 3-2 所示。

表 3-4 2012~2021 年东莞科技创新和先进制造业综合评价指数

U_i	2012 年	2013 年	2014 年	2015 年	2016 年	2017 年	2018 年	2019 年	2020 年	2021 年
U_1	0.0039	0.0589	0.1065	0.2699	0.3616	0.4275	0.5703	0.8021	0.6516	0.7057
U_2	0.0671	0.2409	0.1513	0.1864	0.2699	0.6778	0.5153	0.6685	0.7242	0.9319

最后，运用公式（3-7）、公式（3-9）、公式（3-10）计算 2012~2021 年东莞科技创新与先进制造业耦合协调度，结果如表 3-5 和图 3-3 所示。

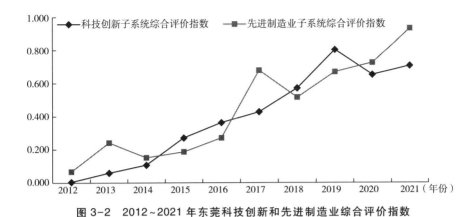

图 3-2　2012~2021 年东莞科技创新和先进制造业综合评价指数

表 3-5　2012~2021 年东莞科技创新和先进制造业耦合度、协调指数和耦合协调度

年份	耦合度 C 值	协调指数 T 值	耦合协调度 D 值	协调等级	耦合协调程度
2012	0.457	0.035	0.127	2	严重失调
2013	0.795	0.150	0.345	4	轻度失调
2014	0.985	0.129	0.356	4	轻度失调
2015	0.983	0.228	0.474	5	濒临失调
2016	0.989	0.316	0.559	6	勉强协调
2017	0.974	0.553	0.734	8	中级协调
2018	0.999	0.543	0.736	8	中级协调
2019	0.996	0.735	0.856	9	良好协调
2020	0.999	0.688	0.829	9	良好协调
2021	0.990	0.819	0.901	10	优质协调

（二）东莞科技创新和先进制造业耦合协调度分析

1. 科技创新和先进制造业综合评价指数

从科技创新子系统和先进制造业子系统综合评价指数上看，2012~2021 年二者总体呈现增长态势。其中，科技创新子系统综合评价指数在 2019 年达到最大值 0.8021，2020 年有所回落，降至 0.6516，2021 年再度上升至 0.7057。先进制造业子系统综合评价指数最大值出现在 2021 年，为 0.9319，其中 2018 年从 2017 年的 0.6778 下降至 0.5153，此后几年持续攀升。

这反映出近年来东莞创新驱动发展步伐不断加快，科技创新政策体系

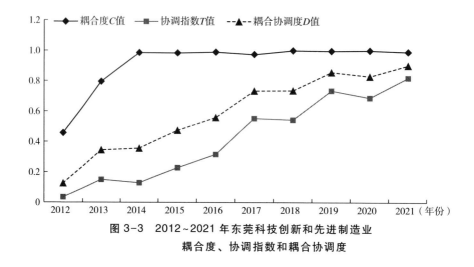

图3-3　2012～2021年东莞科技创新和先进制造业
耦合度、协调指数和耦合协调度

日益完善，研发能力不断提高，创新水平稳步提升，科技实力持续增强，科技创新对东莞经济社会发展的支撑和引领作用不断增强。从投入指标上看，东莞科技经费投入逐年提高，研发投入强度从2012年的1.6%增长至2021年的4%，[1] 科学技术支出从2012年的185411万元[2]提高到2022年的328289万元；[3] 从产出指标上看，发明专利授权量从2012年的1381件[4]提高到2021年的11690件，[5] 规上工业企业新产品销售收入从2012年的8385868万元[6]提高到2021年的91211965万元，[7] 科技成果转移转化水平

① 《奋进新时代 谱写科技创新新篇章——党的十八大以来东莞经济社会发展成就系列报告之十》，东莞市统计局网站，http：//tjj. dg. gov. cn/tjzl/tjfx/content/post_3900395. html。

② 东莞市统计局、国家统计局东莞调查队编《东莞统计年鉴2013》，中国统计出版社，2013，第256页。

③ 东莞市统计局、国家统计局东莞调查队编《东莞统计年鉴2022》，中国统计出版社，2022，第242页。

④ 东莞市统计局、国家统计局东莞调查队编《东莞统计年鉴2013》，中国统计出版社，2013，第294页。

⑤ 东莞市统计局、国家统计局东莞调查队编《东莞统计年鉴2022》，中国统计出版社，2022，第273页。

⑥ 东莞市统计局、国家统计局东莞调查队编《东莞统计年鉴2013》，中国统计出版社，2013，第293页。

⑦ 东莞市统计局、国家统计局东莞调查队编《东莞统计年鉴2022》，中国统计出版社，2022，第271页。

也不断提高，技术合同实现金额从 2012 年的 13577 万元[1]提高到 2021 年的 623586 万元；[2] 从创新环境看，科技企业孵化器（加速器）数量不断增加，从 2012 年的 9 家[3]增长至 2021 年的 119 家，[4] 规上工业企业有研发机构企业数从 2012 年的 321 家[5]增长至 2021 年的 6577 家。[6]

同时，也充分体现了东莞坚定不移推动制造业高质量发展，先进制造业规模、结构、效益不断提升，成为引领东莞经济高质量发展的新引擎。从规模上看，东莞规上先进制造业企业数从 2012 年的 1809 家[7]增长至 2021 年的 7580 家，[8] 规上先进制造业工业增加值从 2012 年的 8343471 万元[9]增长至 2021 年的 26832932 万元；[10] 从结构上看，东莞规上先进制造业工业增加值占比也逐年攀升，从 2012 年的 42.2%[11]上升至 2021 年的 51.7%，[12] 先进制

---

[1]　东莞市统计局、国家统计局东莞调查队编《东莞统计年鉴 2013》，中国统计出版社，2013，第 295 页。

[2]　东莞市统计局、国家统计局东莞调查队编《东莞统计年鉴 2022》，中国统计出版社，2022，第 274 页。

[3]　东莞市统计局、国家统计局东莞调查队编《东莞统计年鉴 2013》，中国统计出版社，2013，第 292 页。

[4]　东莞市统计局、国家统计局东莞调查队编《东莞统计年鉴 2022》，中国统计出版社，2022，第 270 页。

[5]　东莞市统计局、国家统计局东莞调查队编《东莞统计年鉴 2013》，中国统计出版社，2013，第 293 页。

[6]　东莞市统计局、国家统计局东莞调查队编《东莞统计年鉴 2022》，中国统计出版社，2022，第 271 页。

[7]　东莞市统计局、国家统计局东莞调查队编《东莞统计年鉴 2013》，中国统计出版社，2013，第 158 页。

[8]　东莞市统计局、国家统计局东莞调查队编《东莞统计年鉴 2022》，中国统计出版社，2022，第 271 页。

[9]　东莞市统计局、国家统计局东莞调查队编《东莞统计年鉴 2013》，中国统计出版社，2013，第 158 页。

[10]　东莞市统计局、国家统计局东莞调查队编《东莞统计年鉴 2022》，中国统计出版社，2022，第 271 页。

[11]　根据《东莞统计年鉴 2013》相关数据计算得出。

[12]　根据《东莞统计年鉴 2022》相关数据计算得出。

造业企业数占规上工业企业数量比重从 2012 年的 39.97%[1]上升至 2021 年的 59.32%;[2] 从效益上看，东莞规上先进制造业工业增加值率从 2012 年的 18%[3]上升至 2021 年的 20.5%，[4] 规上先进制造业全员劳动生产率从 2012 年的 77858 元/人[5]增长至 2021 年的 165406 元/人。[6]

2. 东莞科技创新和先进制造业耦合协同关系

从东莞科技创新和先进制造业耦合度上看，二者相互作用、相互影响的关系极其密切。2012 年东莞科技创新和先进制造业之间的耦合度较低（0.457），2013 年二者耦合度迅速提高到 0.795，2014 年耦合度继续提高（0.985），至 2021 年二者始终保持高度耦合（超过 0.97）。这说明东莞科技创新与先进制造业的发展关系非常密切，二者相互作用的强度大。

从东莞科技创新和先进制造业的协调指数上看，二者协调指数总体呈上升态势。2012～2021 年，东莞科技创新和先进制造业的协调指数从 0.035 上升到 0.819，说明东莞科技创新和先进制造业良性耦合程度逐渐提高，科技创新和先进制造业之间的正向作用逐渐显著。

从东莞科技创新和先进制造业耦合协调度上看，二者耦合协调度总体上也呈现上升态势。2012～2021 年，东莞科技创新和先进制造业耦合协调度从 0.127 上升至 0.901，耦合协调程度从严重失调变为优质协调，说明东莞科技产业融合程度不断加深，科技对产业的引领作用逐渐加大，产业对科技的促进作用也在不断加强。

---

[1] 根据《东莞统计年鉴 2013》相关数据计算得出。

[2] 根据《东莞统计年鉴 2022》相关数据计算得出。

[3] 东莞市统计局、国家统计局东莞调查队编《东莞统计年鉴 2013》，中国统计出版社，2013，第 159 页。

[4] 东莞市统计局、国家统计局东莞调查队编《东莞统计年鉴 2022》，中国统计出版社，2022，第 142 页。

[5] 东莞市统计局、国家统计局东莞调查队编《东莞统计年鉴 2013》，中国统计出版社，2013，第 160 页。

[6] 东莞市统计局、国家统计局东莞调查队编《东莞统计年鉴 2022》，中国统计出版社，2022，第 143 页。

第四节　推进东莞科技创新和先进制造业
融合发展的对策建议

一　加强科技创新和先进制造业融合发展的统筹协调

聚焦"科技创新+先进制造"的城市特色，推动东莞高质量发展是东莞市第十五次党代会提出的奋斗目标，是今后东莞经济工作的重要内容，是东莞经济高质量发展的重要抓手，更是东莞落实中央、省委一系列决策部署的重要举措。因此，必须进一步提高思想认识，把推动科技创新和先进制造业融合发展放在事关东莞长远发展的重要地位来统筹谋划、高位推动、狠抓落实，确保东莞科技创新和先进制造业融合发展取得扎实成效。要进一步加强统筹协调，科技创新和先进制造业融合发展涵盖领域广、涉及部门多，各部门各行业要心往一处想、劲往一处使，形成推动科技创新和先进制造业融合发展的强大合力。要进一步加大政策支持力度，深入研究当前东莞科技创新和先进制造业融合发展的现状、存在的短板和不足，学习借鉴先进城市推动科技创新和先进制造业发展的成功经验，在全面梳理东莞现有各类产业扶持政策基础上，针对东莞科技创新和先进制造业融合发展存在的短板问题，统筹好财政、金融、土地、人才等扶持政策，集中力量解决突出问题，把有限的政策资源用在"刀刃上"。

二　强化科技创新的引领支撑作用

继续深入实施创新驱动发展战略，以建设具有国际影响力的科创制造强市为目标，进一步完善科技创新体系、优化科技创新生态、集聚科技创新资源，推动科技成果转化，促进科技创新与先进制造业融合发展，培育高质量发展新动能。要强化重大科技创新平台建设，加快建设松山湖科学城，与深圳光明科学城共建大湾区综合性国家科学中心先行启动区；推动散裂中子源二期、先进阿秒激光装置、南方先进光源、松山湖材料实验室等重大科技基础设施集群建设；加快大湾区大学筹备和香港城市大学建设进度，支持东莞理工学院建设高水平理工科大学。要进一步提高科技创新能力，继续加强与中国科学院的战略合作，依托散裂中子源、松山湖材料实验室、东莞理工学院等重大科技基础设施、科研机构和高等院校开展基础研究和应用研究。要进一步加强产业核心技术攻关，围绕新一代信息技术、智能装备制造、新材料、新能源、生物医药等重点领域，加强关键零部件核心技术攻关、工业核心软件与基础软件攻关等，着力解决"卡脖子"难题。要进一步推进产学研深度合作，完善产学研合作体系、服务体系，探索构建以行业龙头企业为核心，产业链上下游企业、高校与科研院所共同参与建立的创新联合体，建立以共同利益为纽带、以市场机制为保障的技术协同攻关机制。进一步推动科技成果转移转化，大力发展检验检测、科技推广与技术转移、创业孵化、科技情报与咨询、成果转化、知识产权运营等科技服务业；发挥高校、科研院所、新型研发机构、龙头企业等创新主体的科研优势，建设一批设施齐全、技术一流的中试验证平台，推动科技成果向现实生产力转化。

三 推动先进制造业高质量发展

东莞应坚持制造业立市不动摇，抓住新一轮科技革命和产业变革的机遇，以建设"科技创新为引领的全国先进制造业之都"为目标，以集群化、高端化、数字化、绿色化为主线，推动先进制造业高质量发展。要把产业集群作为先进制造业发展的重要支撑，全面提升产业链供应链韧性，围绕先进制造业集群发展配置资源要素，推动产业链上下游、大中小企业整体配套、协同发展。要推动先进制造业高端化发展，进一步夯实智能制造基础，大力推广智能制造新模式，推动重点领域智能制造成套装备集成应用。要推动先进制造业数字化发展，大力支持制造业数字化改造，推进新一代数字技术在制造业中的应用，加强企业研发设计、关键工序、营销推广等生产销售环节的数字化应用。要以碳达峰、碳中和为目标，推动先进制造业绿色化发展，推动重点行业企业打造绿色工厂、建设绿色供应链，大力发展循环经济，提高清洁能源使用比重，加大力度淘汰和化解落后产能。

第四章　珠三角九市科技创新和先进制造业发展现状及未来发展方向

　　制造业是国家经济命脉所系，是立国之本、强国之基。世界经济发展史表明，制造业兴，则经济兴、国家强；制造业衰，则经济衰、国家弱。习近平总书记在党的二十大报告中强调，"必须坚持科技是第一生产力、人才是第一资源、创新是第一动力，深入实施科教兴国战略、人才强国战略、创新驱动发展战略，开辟发展新领域新赛道，不断塑造发展新动能新优势"①，提出"实施产业基础再造工程和重大技术装备攻关工程，支持专精特新企业发展，推动制造业高端化、智能化、绿色化发展"② 等目标要求，为我国推动科技创新和制造业高质量发展指明了前进方向、提供了根本遵循。广东省作为我国经济第一大省，科技创新和制造业高质量发展一直走在全国前列，在全国上下学习贯彻党的二十大精神热潮的推动下，更需要广东以新担当新作为，推进高水平科技自立自强，高水平打造现代化产业体系，把制造业这份厚实家当做优做强，在新的高度挺起广东现代化建设的产业"脊梁"，扎扎实实推进中国式现代化的广东实践。

---

① 《习近平著作选读》（第一卷），人民出版社，2023，第 28 页。
② 《习近平著作选读》（第一卷），人民出版社，2023，第 25 页。

第一节　广东省科技创新和先进制造业发展现状

2023 年 4 月 13 日，习近平总书记亲临广东视察时强调，"广东是改革开放的排头兵、先行地、实验区，在中国式现代化建设的大局中地位重要、作用突出。要锚定强国建设、民族复兴目标，围绕高质量发展这个首要任务和构建新发展格局这个战略任务，在全面深化改革、扩大高水平对外开放、提升科技自立自强能力、建设现代化产业体系、促进城乡区域协调发展等方面继续走在全国前列，在推进中国式现代化建设中走在前列"①。习近平总书记的重要讲话和重要指示精神，为广东改革发展定位导航，赋予广东新的重大使命、重大机遇，对于广东明确未来经济发展的主要着力点、推动高质量发展具有十分重要的理论意义和现实意义。

一　广东省科技创新发展现状

广东全面推动创新强省建设，以大湾区国际科技创新中心、综合性国家科学中心建设为引领，深入实施"科技创新十二条"，启动基础研究十年"卓粤"计划。聚焦基础研究与应用基础研究，制订重点领域研发计划，在 5G、芯片与软件、高端装备等领域启动一批重大攻关项目。积极创建国家实验室，鹏城实验室、广州实验室两大"国之重器"挂牌运作，产业支撑和聚力引才效果显著。散裂中子源二期等重大科技基础设施纳入国家"十四五"规划，获批建设粤港澳大湾区国家技术创新中心、国家新型显示技术创新中心、国家第三代半导体技术创新中心、国家 5G 中高频器

---

① 《习近平在广东考察时强调 坚定不移全面深化改革扩大高水平对外开放 在推进中国式现代化建设中走在前列》，《南方日报》2023 年 4 月 14 日。

件创新中心、全国唯一超高清视频产业发展试验区等。2022 年，全省研发经费支出约 4200 亿元，占地区生产总值比重达 3.26%，研发人员数量、发明专利有效量、PCT 国际专利申请量均居全国首位，区域创新综合能力连续 6 年全国第一。① 着力打造了国家印刷及柔性显示创新中心、国家高性能医疗器械创新中心、国家 5G 中高频器件创新中心、国家超高清视频创新中心（共同组建）等 4 个国家制造业创新中心。② 广东创新发展优势不断扩大，区域创新能力持续提升，科技创新对经济社会发展的支撑和引领作用日益增强。

二　广东省先进制造业发展现状

近年来，广东抢抓机遇推进"双区"和横琴、前海、南沙三大平台建设，坚持制造业立省的原则不动摇，深入实施创新驱动发展战略，全面推动"1310"具体部署落地落实，以建设更具国际竞争力的现代产业体系为目标，着力打造世界级先进制造业集群，不断推动制造业高质量发展。

广东大力推动制造强省建设，深入实施制造业高质量发展"强核""立柱""强链""优化布局""品质""培土"等"六大工程"，高起点培育包括新一代电子信息、绿色石化、智能家电、汽车、先进材料、现代轻工纺织、软件与信息服务、超高清视频显示、生物医药与健康、现代农业与食品等 10 个战略性支柱产业和半导体与集成电路、高端装备制造、智能机器人、区块链与量子信息、前沿新材料、新能源、激光与增材制造、数字创意、安全应急与环保、精密仪器设备等 10 个战略性新兴产业在内的

---

① 《2023 年 1 月 12 日广东省省长王伟中在广东省第十四届人民代表大会第一次会议上作政府工作报告》，广东省人民政府办公厅网站，http://www.gd.gov.cn/gkmlpt/content/4/4083/post_4083230.html#45。

② 《我省再添 7 家省级制造业创新中心布局实现领域、地域"双突破"》，广东省工业和信息化厅网站，http://gdii.gd.gov.cn/tpxw987/content/post_4178333.html。

20 个战略性产业集群。着力推动智能制造示范工程建设，实施工业互联网创新发展战略，促进制造业向数字化、网络化、智能化方向发展。实施珠江西岸先进装备制造产业带聚焦攻坚行动计划，着力引进一批先进装备制造业龙头企业和骨干项目，推动珠江东岸生物医药、新材料、新能源汽车等新兴产业加快发展。实施工业企业技术改造三年行动计划，推动传统产业优化升级。在一系列有力举措推动下，广东的制造业结构持续优化，发展质量和效益不断提升，2022 年广东地区生产总值达 12.8 万亿元，连续 34 年居全国首位。形成新一代电子信息、绿色石化、智能家电、先进材料、现代轻工纺织、软件与信息服务、现代农业与食品、汽车等 8 个万亿元级产业集群。市场主体总量突破 1600 万户，规模以上工业企业达 6.7 万家，高新技术企业达 6.9 万家，进入世界 500 强企业达 17 家。先进制造业和高技术制造业增加值占规模以上工业比重分别提高到 55%、29.5%。[①]

第二节　珠三角九市科技创新与先进制造业
发展现状及未来发展方向

珠三角是广东改革开放实现经济腾飞的策源地，也是新时代新征程上引领带动广东发展的重要引擎。2018 年 10 月，习近平总书记视察广东时对珠三角寄予厚望，要求广东加快形成区域协调发展新格局，做优做强珠三角核心区。[②] 为此，广东省提出"一核一带一区"区域发展新格局构想，明确指出要以功能区战略定位为引领，将珠三角地区定位为引领全省发展

---

① 《2023 年 1 月 12 日广东省省长王伟中在广东省第十四届人民代表大会第一次会议上作政府工作报告》，广东省人民政府办公厅网站，http：//www.gd.gov.cn/gkmlpt/content/4/4083/post_4083230.html#45。

② 《习近平在广东考察》，中国政府网，https：//www.gov.cn/govweb/xinwen/2018 - 10/25/content_5334458.htm。

的核心区和主引擎，赋予率先实现高质量发展的使命要求。2019 年，在广东省委和省政府印发的《关于构建"一核一带一区"区域发展新格局 促进全省区域协调发展的意见》中，珠三角被赋予"建设具有全球竞争力的现代化经济体系，培育世界级先进制造业集群"等使命。近年来，随着"一核一带一区"建设深入推进，珠三角核心区发展能级持续提升。根据《2022 年广东省国民经济和社会发展统计公报》，2022 年珠三角九市 GDP 达 10.47 万亿元，占全省比重已达 81.1%，① 基本上可以代表广东省的发展水平；同时，珠三角九市"万亿元 GDP 俱乐部"城市从原来的广州、深圳 2 个城市增至广州、深圳、佛山、东莞 4 个城市；惠州工业总产值已超万亿元，珠海、中山、江门、肇庆也在成长进阶。可以说，珠三角城市群整体正以高质量发展的要求快速前进。

一　深圳科技创新和先进制造业发展现状及未来发展方向

（一）深圳科技创新发展现状

近年来，深圳深入实施创新驱动发展战略，不断完善"基础研究+技术攻关+成果产业化+科技金融+人才支撑"的全过程创新链，全面推动综合性国家科学中心、鹏城实验室、深圳湾实验室、人工智能与数字经济广东省实验室（深圳）等重大科技创新平台建设，先后获批国家高性能医疗器械创新中心、国家第三代半导体技术创新中心、国家 5G 中高频器件创新中心等创新载体建设。大力推动科技金融深度融合，截至 2021 年底，深圳科技型企业贷款余额增长 39.4%；新增风投创投机构 46 家，天使母基金累计投资初创项目 504 个；专利质押登记金额 115 亿元，增长 18.6%；

---

① 广东省统计局、国家统计局广东调查总队：《2022 年广东省国民经济和社会发展统计公报》，《南方日报》2023 年 3 月 31 日。

新发行知识产权证券化产品金额 55 亿元，融资规模居全国城市首位。① 出台实施基础研究"深研"规划，2022 年基础研究投入增长 67.4%，总量位居全国城市第三。不断吸引集聚高端创新资源，截至 2022 年底，深圳市院士总数达 91 人，高层次人才累计超 2.2 万人。2022 年，深圳市全社会研发投入占地区生产总值比重达 5.49%，基础研究投入占全社会研发投入比重达 7.25%；国家高新技术企业 2.3 万家；PCT 国际专利申请量稳居全国城市首位；深圳高新区综合排名全国第二；深-港-穗科技集群连续 3 年排名全球第二。②

（二）深圳先进制造业发展现状

深圳瞄准世界科技和产业发展前沿，科学谋划和统筹推动战略性新兴产业、未来产业和先进制造业全面发展。衔接国家、省规划部署，出台实施"20+8"战略性新兴产业集群和未来产业行动计划，研究制订宽带通信与新型网络、半导体与集成电路、生物医药等产业行动计划，前瞻布局合成生物、量子信息、深地深海等未来产业。规划建设龙岗宝龙专精特新产业园、宝安新桥东先进制造产业园、南山红花岭智能制造基地等 20 大先进制造业园区。全面加强招商引资，编制先进制造业和现代服务业招商引资清单，实施产业链招商专项行动。在一系列政策有力推动下，深圳市战略性新兴产业、未来产业、先进服务业发展势头迅猛，2021 年，深圳市新一代信息通信、先进电池材料等 4 个集群入选国家先进制造业集群。③ 截至 2022 年底，深圳市规上工业总产值 4.55 万亿元，增长 7.0%；规上工业增加值 1.04 万亿元，增长 4.8%；工业增加值占地区生产总值比重提高到

① 《政府工作报告》，深圳政府在线网，http：//www.sz.gov.cn/zfgb/2022/gb1240/content/post_9770704.html。

② 《政府工作报告》，深圳政府在线网，http：//www.sz.gov.cn/zfgb/2023/gb1278/content/post_10484054.html。

③ 《政府工作报告》，深圳政府在线网，http：//www.sz.gov.cn/zfgb/2022/gb1240/content/post_9770704.html。

35.1%，工业总产值、工业增加值实现全国城市"双第一"。战略性新兴产业增加值 1.33 万亿元，占地区生产总值比重提高到 41.1%。深圳市拥有国家级专精特新"小巨人"企业 442 家，排名全国第三。2022 年，新增国家制造业单项冠军 20 个，排名全国第一。[①]

（三）深圳科技创新未来发展方向

深圳坚定不移实施创新驱动发展战略，培育新动能、提升新势能，不断加大基础研究和应用基础研究投入力度，发挥产学研深度融合优势，主动融入全球创新网络，着力提升自主创新能力，加快推动科技成果向现实生产力转化，建设具有全球影响力的科技和产业创新高地。

一是高质量建设国家重大战略平台，打造国家战略科技力量。深圳市提出高质量建设光明科学城、河套深港科技创新合作区、前海深港现代服务业合作区、西丽湖国际科教城等四大国家重大战略平台，打造科技创新极核。围绕实验室体系、科研机构、高水平研究型大学和世界级科技领军企业等，高质量打造国家战略科技力量，勇争国家战略科技力量第一方阵，加快推动解决重大科学问题和关键技术攻关，实现技术领先、安全和自主可控。

二是高标准推动重点领域自主创新，增强产业链供应链竞争力和引领力。在战略性新兴产业方面，重点围绕新一代电子信息、数字与时尚、高端装备制造、绿色低碳、新材料、生物医药与健康、海洋产业等最紧急、最紧迫的技术瓶颈问题开展科技攻关，突破一批关键核心技术，打造一批自主可控的战略性新兴产业集群。在未来产业方面，强化 5～10 年内有望成长为战略性新兴产业的合成生物、区块链、细胞与基因（含生物育种）、空天技术等四个未来产业的前沿技术研究和技术应用，推动一批重大科技

---

① 《政府工作报告》，深圳政府在线网，http：//www.sz.gov.cn/zfgb/2023/gb1278/content/post_10484054.html。

成果产业化，不断开发新的增长点；加强 10~15 年内有望成长为战略性新兴产业的脑科学与类脑智能、深地深海、可见光通信与光计算、量子信息等四大未来产业的基础研究和应用基础研究，进行重大问题研究和前沿技术开发，为产业发展集聚新能量。

三是高要求实施"十大行动"，完善全过程创新生态链。深入实施基础研究"夯基行动"、关键技术"攻坚行动"、成果产业化"加速行动"、科技金融"融合行动"、创新人才"汇聚行动"、四链衔接"畅通行动"、开放合作"拓展行动"、科学文化"厚植行动"、改革创新"深化行动"、法治建设"保障行动"等"十大行动"，将深圳打造成为重要的原始创新策源地、关键核心技术发源地、科技成果产业化最佳地、科技金融深度融合地、全球一流科技创新人才向往集聚地。

四是高水平优化空间布局，抢占未来科技和产业发展制高点。深圳发挥国家高新区和国家自主创新示范区的引领带动作用，坚持"发展高科技、实现产业化"两大方向，按照"区位相邻、集中连片、产业互补、联合发展"的原则，建设深圳高新区深圳湾创新集群区、深圳高新区坪山园区创新集群区、深圳高新区坂雪岗-观澜创新集群区、深圳高新区九龙山-福民创新集群区、深圳高新区宝龙科技城-大运创新集群区、深圳高新区宝安园区创新集群区、前海（宝安）深港创新集群区、玉塘-马田-燕罗创新集群区、梅林-笋岗-清水河创新集群区、东部滨海国际生物谷创新集群区、深汕智造城创新集群区等 11 个创新集群区，前瞻布局发展战略性新兴产业和未来产业，推进产业向全球产业链、价值链高端迈进。

（四）深圳先进制造业未来发展方向

深圳将不断巩固壮大实体经济根基，增强产业链根植性和竞争力，前瞻布局战略性新兴产业，培育发展未来产业，提升服务业发展能级，推动先进制造业和现代服务业深度融合发展，提高经济质量效益和核心竞争力，重塑产业链竞争新优势。

一是着力推动产业基础高级化和产业链现代化。实施产业基础再造工程，开展以产业需求为导向的技术攻关，提升基础核心零部件、关键基础材料、先进基础工艺、产业技术基础等研发创新能力。建设国际科技信息中心和国际产业信息中心，打造国内一流、国际知名的科技和产业智库。在未来通信高端器件、超高清视频等领域争创国家级制造业创新中心。实施全产业链发展战略，围绕集成电路、5G、生物医药、新能源汽车等重点产业链，实施"链长制"，打造自主可控、安全高效的产业链供应链。推进传统工业区和产业园区向新型产业社区转型，探索建立"产业园区+创新孵化器+产业基金+产业联盟"一体化推进模式，重塑高品质产业发展空间。

二是加快发展战略性新兴产业。发展壮大新一代信息技术、生物医药、数字经济、高端装备制造、新材料、绿色低碳、海洋经济等战略性新兴产业。重点发展集成电路、生物医药、新能源汽车、超高清视频、智能制造装备等先进制造业集群，构筑产业体系新支柱。强化集成电路设计能力，推进5G核心技术、关键产品研发，布局8K超高清显示、柔性显示等新型显示领域，建设世界级新一代信息技术产业发展高地。加快生物医药强市建设，重点突破新型体外诊断产品、新靶点化学药、抗体药物、基因药物等关键技术，推进国家高性能医疗器械创新中心、生物医药领域科学数据中心和监测中心建设，高标准建设坪山-大鹏粤港澳大湾区生命健康创新示范区。加强工业机器人、新型激光器等精密制造装备关键技术攻关和产品开发，打造智能制造装备产业集群。

三是建设未来产业策源地。打造全球新技术新产品率先应用推广高地，支持新技术新产品研发与应用示范，推动重大技术装备首台（套）、新材料首批次、软件首版次推广应用。实施未来产业引领计划，开展对产业变革趋势和重大技术的预见，重点围绕6G通信网络、量子科技、深海深空、电解水制氢及固态储氢等关键技术攻关，前瞻布局前沿技术创新领域，搭建现实应用模拟场景，打造未来产业策源地。

四是打造数字经济新优势。实施"5G+8K+AI+云"新引擎战略，培育壮大人工智能、大数据、区块链、云计算、网络安全等新兴数字产业，建设新一代人工智能创新发展试验区、信创产业基地和基础软件创新中心，打造国家级 5G 车联网先导区、鲲鹏产业示范区等试点示范项目。推动产业数字化转型，实施"上云用数赋智"行动，推动数据赋能全产业链协同转型。实施工业互联网发展战略，推进新一代信息技术和制造业融合发展。积极发展个性定制、柔性制造等新模式，前瞻布局虚拟制造、协同制造。实施未来城市场景试验区计划，深入推进"5G+千行百业""AI+千行百业"应用，打造数字应用新标杆。

二　广州科技创新和先进制造业发展现状及未来发展方向

（一）广州科技创新发展现状

近年来，广州以科技体制改革为引领，积极布局国家战略科技力量，大力推动核心技术攻关，集聚全球高端创新资源，不断优化创新创业生态，科技创新取得显著成效。制定完善科技创新"1+9"政策体系，实施科技创新强市建设三年行动计划、"广州科创 12 条"等一系列全局性、前瞻性的政策，为创新驱动发展提供政策支持。积极布局国家战略科技力量，构建了以明珠科学园为引领，以冷泉生态系统研究装置、智能化动态宽域高超声速风洞、极端海洋动态过程多尺度自主观测科考设施、人类细胞谱系大科学研究设施等 4 个国家重大科技基础设施为骨干，以广州再生医学与健康省实验室、南方海洋科学与工程省实验室、人工智能与数字经济省实验室、岭南现代农业科学与技术省实验室等 4 家省实验室为主力军，以广东粤港澳大湾区国家纳米科技创新研究院、中国科学院力学研究所广东空天科技研究院、粤港澳大湾区精准医学研究院等 10 余家高水平创新研究院为基础的"1+4+4+N"高端战略创新平台体系。核心技术攻关能力跨越式提升，在移动通信、海洋科技、新材料、新能源等前沿领域实现重大突破。2022 年，广州市研发投入占地区生产总值比重约为 3.15%，高新技术企业突破 1.23 万家，有效发明专利拥有量突破 10 万件，[1] 技术合同登记成交额达到 2645.54 亿元，技术合同成交额占地区生产总值比重为 9.17%，远高于全国平均水平。[2]

（二）广州先进制造业发展现状

广州市深入推进产业基础高级化和产业链现代化，先后入选国家首批产业链供应链生态体系建设试点、国家首批综合货运枢纽补链强链城市。实施"八大提质工程"，培育发展新一代信息技术、人工智能、生物医药、新能源、新材料等战略性新兴产业，打造 6 个产值超千亿元的先进制造业集群。前瞻布局量子科技、区块链、太赫兹、纳米科技、天然气水合物等未来产业；打造新一代信息技术、智能与新能源汽车、生物医药与健康等三大新兴支柱产业；壮大智能装备与机器人、轨道交通、新能源与节能环保、新材料与精细化工、数字创意等五大新兴优势产业；加快汽车、电子、石化等传统优势制造业智能化、高端化、绿色化发展；支持纺织服装、美妆日化、皮具箱包、珠宝首饰、家居建材等传统特色产业数字化改造。2022 年，广州市"3 + 5"战略性新兴产业合计实现增加值8878.66 亿元，占地区生产总值的 30.8%。战略性新兴产业增加值占地区生产总值比重超过 30%。先进制造业增加值占规模以上工业比重达到61.6%。[3] 国家级专精特新"小巨人"企业 123 家，[4] 制造业单项冠军企业

---

① 《2023 年广州市政府工作报告》，广州市人民政府网站，https://www.gz.gov.cn/zt/jj2023gzlhzt/hyjj/content/post_8784240.html。

② 《广州技术合同登记成交额连续五年全省第一》，《广州日报》2023 年 4 月 26 日。

③ 《2022 年广州市国民经济和社会发展统计公报》，广州市人民政府网站，https://www.gz.gov.cn/zwgk/sjfb/tjgb/content/post_8922708.html。

④ 《广州已有国家级专精特新"小巨人"企业 123 家》，中国新闻网，https://www.chinanews.com/cj/2023/01-13/9934659.shtml。

（产品）24家。[①]

（三）广州科技创新未来发展方向

广州市把科技自立自强作为高质量发展的战略支撑，坚持"四个面向"，锚定"科学发现、技术发明、产业发展、人才支撑、生态优化"全链条创新发展路径，加快建设具有全球影响力的科技创新强市。

一是优化提升空间布局。构建"一轴四核多点"为主的科技创新空间功能布局，形成"一轴核心驱动、四核战略支撑、多点全域协同"的点线面多层次格局。"一轴"即以中新广州知识城和南沙科学城为极点，链接广州科学城、广州国际生物岛、广州人工智能与数字经济试验区、天河智慧城、广州大学城、白云湖数字科技城、南沙庆盛片区、明珠科学园等全市域科技创新关键节点的科技创新轴。"四核"即广州人工智能与数字经济试验区、南沙科学城、中新广州知识城、广州科学城。"多点"即在全市范围内推动重要片区、科技园区、创新型商务区组群式发展。

二是强化科技重点领域部署。在战略前沿与基础研究领域、前沿技术与重点产业领域、城市治理与民生科技领域，加强技术领域系统部署，集中力量突破一批关键核心技术，催生一批具有引领性、带动性的科技前沿成果。其中，战略前沿与基础研究领域重点部署生命科学、海洋科技、半导体与集成电路、空天科技等；前沿技术与重点产业领域重点部署新一代信息技术、人工智能与数字经济、生物医药、新能源、新材料、先进制造、文化科技与现代服务业等；城市治理与民生科技领域重点部署综合治理与公共安全、资源开发与绿色低碳、现代农业与生物安全、卫生应急与健康保障等。

三是增强源头创新供给能力。强化国家战略科技力量，全力建设广州

---

① 《助力制造业高质量发展，单项冠军中的"广州制造"有何秘诀？》，广州市工业和信息化局网站，http://gxj.gz.gov.cn/zt/gzzzygzlfz/xyzx/content/mpost_8799226.html。

实验室，加快推进生物岛、人工智能与数字经济、南方海洋科学与工程、岭南现代农业科学与技术等4家省实验室建设，构建多层次实验室体系。高标准推进粤港澳大湾区国家技术创新中心、国家新型显示技术创新中心建设。集中力量推动人类细胞谱系大科学研究设施、冷泉生态系统研究装置、智能化动态宽域高超声速风洞、极端海洋动态过程多尺度自主观测科考设施、国家超级计算广州中心、新型地球物理综合科学考察船（"实验6"号）、天然气水合物钻采船（大洋钻探船）、航空轮胎动力学大科学装置、慧眼大设施工程等建设应用。同时，加强基础研究总体部署，不断优化基础研究总体布局，创新技术研究体制机制，构建基础研究多元支持体系。深入挖掘高校科技创新潜能，优化学科专业设置，提升高校基础研究能力，推动面向基础研究的教育合作。

四是推进关键核心技术攻关。实施关键技术攻坚行动，进一步提升企业创新能力，加快建设产业重大创新平台，拓展新兴产业应用场景。完善科技成果转移转化服务体系，创新科技成果转移转化体制机制，推动科技成果转移转化。完善"众创空间—孵化器—加速器—科技园"创新创业孵化链条，提升孵化载体服务效能，促进孵化载体健康发展。

五是建设顶尖创新人才高地。深入实施"广聚英才计划"，集聚国际一流科技人才。加快建设青年型创新城市，打造具有国际竞争力的青年科技人才后备军。面向产业需求，加强创新型、应用型、技能型人才培养，推动技能型人才队伍建设。

（四）广州先进制造业未来发展方向

广州市坚持把发展着力点放在实体经济上，打好产业基础高级化和产业链现代化攻坚战，构建实体经济、科技创新、现代金融、人力资源协同发展的现代产业体系，培育战略性新兴产业增长引擎，打造先进制造业强市和现代服务业强市。

一是发展壮大战略性新兴产业。全力打造新兴支柱产业。将新一代信息技术、智能与新能源汽车、生物医药与健康产业打造成为新兴支柱产业。新一代信息技术产业着力实施"强芯""亮屏""融网"工程，打造"显示之都""软件名城""5G 高地"。智能与新能源汽车产业着力实施电动化、智能化、网联化战略，打造全国领先的智能汽车平台和生态圈，争创国家级车联网先导区，建成全球知名"智车之城"。生物医药与健康产业着力推动医学、医药、医疗"三医融合"，打造全球生物医药与健康产业新高地。加快壮大新兴优势产业。推动智能装备与机器人、轨道交通、新能源与节能环保、新材料与精细化工、数字创意等新兴优势产业加快发展。智能装备与机器人产业着力构建"关键基础零部件—整机及成套装备—系统集成应用—公共支撑服务"产业链集群，建设全国智能装备关键设备研发创新中心。轨道交通产业着力建设轨道交通技术创新中心，打造世界级轨道交通品牌。新能源与节能环保产业着力构建氢能源全产业链集群，重点打造南方氢能枢纽。新材料与精细化工产业着力打造国内一流"新材高地""美妆之都"。数字创意产业着力推进 5G、人工智能、虚拟现实（VR）/增强现实（AR）等新技术深度应用，打造"动漫游戏产业之都""全国电竞产业中心"。前瞻布局未来产业。实施未来产业孵化与加速行动，大力发展量子科技、区块链、太赫兹、天然气水合物、纳米科技等前沿产业。

二是推动先进制造业高质量发展。促进特色优势产业赋能升级，推动汽车、电子、石化等传统优势产业智能化、高端化、绿色化发展；促进纺织服装、美妆日化、皮具箱包、珠宝首饰、食品饮料、智能家居、灯光音响等传统特色产业向数字化、定制化、时尚化转型。实施传统特色产业集群数字化转型行动，引导企业集群式"上云上平台"，实现产业链再造和价值链升级。提升产业链供应链现代化水平，积极参与国家产业基础再造工程，推动产业链供应链多元化发展；建立重点行业"链长制"，制定重点产业链发展技术路线图和招商图谱，加强产业链头部企业和薄弱环节靶向招商；支持中小企业在细分领域做专做精，培育一批具有产业链节点控制力的"专精特新"企业。大力发展服务型制造，深化国家服务型制造示范城市建设。实施质量提升行动，建设全国质量强市示范城市。

三 佛山科技创新和先进制造业发展现状及未来发展方向

（一） 佛山科技创新发展现状

以创建国家创新型城市为契机，全面推进佛山国家高新区、佛中人才创新灯塔产业园、三龙湾科技城"一区一园一城"科创高地建设。实施高新技术企业提档晋级行动，国家高新技术企业达 8700 家，累计建成科技企业孵化器 121 家、众创空间 92 家。加大人才引育力度，设立"人才日"，设立国际人才"一站式"服务专区，引进科技创新团队 53 个、领军人才 74 人、博士 1014 人。启动"匠才之都"建设，培育引进高技能人才 1.7 万人。入选首批国家知识产权强市建设示范城市、首批全国商业秘密保护创新试点，万人有效发明专利拥有量达 43 件。[①]

（二） 佛山先进制造业发展现状

佛山是全国乃至全球重要的制造业基地，也是全国唯一一座制造业转型升级综合改革试点城市。近年来，佛山持续推进制造业数字化智能化转型，出台制造业数字化智能化转型发展政策，设立总规模 300 亿元、首期 100 亿元的广东（佛山）制造业转型发展基金，[②] 推动 3849 家规模以上工

[①] 《2023 年佛山市政府工作报告》，佛山市人民政府办公室网站，http://www.foshan.gov.cn/gkmlpt/content/5/5557/mpost_5557515.html? eqid=f790e86c0001c63c00 000006645a1dae#27。

[②] 《广东佛山全力支持传统产业数字化智能化转型——装备制造业驶入快车道》，《经济日报》2023 年 1 月 12 日。

业企业实施数字化转型，占比达 40.7%。[①] 入选国家新型工业化产业示范基地，打造市级示范工厂 48 家、示范车间 146 个。[②] 成立家居产业联盟，牵头推进广东燃料电池汽车示范应用城市群建设，广佛惠超高清视频和智能家电产业集群、广深佛莞智能装备产业集群、佛莞泛家居产业集群入围国家先进制造业集群。实施产品质量升级行动，创建全国质量强市示范城市，建成全国唯一的氢能产业领域国家技术标准创新基地，省政府质量奖数量居全省第一。启动企业上市倍增计划，上市企业 9 家，总数达 79 家。国家级制造业单项冠军达 16 家，国家专精特新"小巨人"企业达 47 家，美的厨热顺德工厂入选世界级"灯塔工厂"。[③]

（三）佛山科技创新未来发展方向

佛山市把创新放在现代化建设全局中的核心地位，全面实施创新驱动发展战略，紧紧围绕产业链部署创新链，强化以省实验室、新型研发机构和产业创新联合体为代表的战略科技力量；主动围绕创新链布局产业链，充分发挥佛山创新优势和制造业优势，提升产业国际竞争力和创新发展能级。建设创新资源高度富集的粤港澳大湾区极点城市，打造面向全球的国家制造业创新中心，塑造佛山发展新形态，实现创新发展向高质量快速跃升，奋力争当地级市高质量发展领头羊。

一是优化科技创新布局。在区域布局方面，高标准建设"一区一园一城"科技创新高地，强化区域创新协同联动。"一区一园一城"，"一区"

---

① 《2023 年佛山市政府工作报告》，佛山市人民政府办公室网站，http：//www.foshan.gov.cn/gkmlpt/content/5/5557/mpost_5557515.html？eqid＝f790e86c0001c63c00 000006645a1dae#27。

② 《促进数实融合，推动"链式"转型！制造业数智化的佛山样本》，《南方都市报》2023年6月9日。

③ 《2023 年佛山市政府工作报告》，佛山市人民政府办公室网站，http：//www.foshan.gov.cn/gkmlpt/content/5/5557/mpost_5557515.html？eqid＝f790e86c0001c63c00 000006645a1dae#27。

指佛山国家高新区，突出"高"和"新"，重点发展壮大高新技术企业群体，引进培育若干战略性新兴产业集群；"一园"指佛中人才创新灯塔产业园，突出"智"和"创"，建成"人才科技资源充分聚集、人才体制机制充满活力、人才公共服务便利优质、人才创业创新高度活跃"的人才特区；"一城"指三龙湾科技城，突出"聚"和"领"，集聚高端创新创意资源要素，加强创新策源能力建设，在科技创新、产业创新等方面发挥引领作用。在领域布局方面，围绕佛山市重点培育发展的装备制造、智能家居等核心产业，汽车及新能源、军民融合及电子信息等支柱产业，智能制造装备及机器人、新材料、健康食品、生物医药及大健康等新兴产业，"加长板、补短板"，攻克一批关键核心技术，打好产业基础高级化和产业链现代化攻坚战，引导产业由聚集发展向集群发展全面提升，增强产业链、供应链稳定性和竞争力。

二是打造先进制造业创新高地。构建创新研发体系，提升企业自主创新能力，健全科技服务体系，完善孵化育成体系，全面推进区域创新体系建设。以数字化、智能化、功能化、模块化和绿色化作为创新发展方向，将数字化融入政府运行、社会治理和企业发展等多个领域，以科技创新推动制造业转型，为制造业全面创新赋能，推动佛山市打造制造业数字化智能化转型示范城市。瞄准产业科技前沿，在高端装备、机器人、增材制造、新能源、人工智能、芯片、新材料、工业软件、云计算与大数据、中医药现代化等前沿领域强化前沿技术和核心关键技术研发，抢占科技竞争和未来发展制高点。把满足人民对美好生活的向往作为科技创新的落脚点，围绕绿色环保、生命健康、都市农业、文化科技等领域，推进技术研发和应用。

三是增强创新驱动发展新动能。进一步深化科技体制机制改革，围绕打造具有国际影响力的先进制造业创新高地，增强佛山市创新驱动发展新动能，激发全社会创造活力。提升佛山国家高新区创新发展示范作用，打造佛中人才创新灯塔产业园人才中心和创新高地，强化三龙湾科技城创新策源作用。引进和培育一批龙头骨干企业，加快发展"高精特新"企业，锻造行业创新领军企业。推动高端装备核心技术研发，推动数字家庭核心技术攻关，推动新材料核心技术研发，攻克产业关键核心技术。推进高水平研究院所建设，激励企业参与应用基础研究，增强科技创新源头供给能力。健全科技公共服务体系，促进"科技-产业-金融"深度融合，构建创新合作新格局，培养高素质专业化创新人才队伍。

（四）佛山先进制造业未来发展方向

佛山坚持把发展着力点放在实体经济上，以实施制造业高质量发展"六大工程"为抓手，以打造"2+2+4"产业集群为重点，以巩固提升战略性支柱产业和培育壮大战略性新兴产业为要务，推进现代服务业提质增效，提升金融服务实体经济水平，加快数字经济发展步伐，加快构建更具竞争力的现代产业体系。

一是提升制造业产业集群化水平。巩固提升装备制造、泛家居2个产值超万亿元产业集群发展水平。做优做精汽车及新能源、军民融合及电子信息2个产值超5000亿元产业集群。加快培育智能制造装备及机器人、新材料、食品饮料、生物医药及大健康等4个产值超3000亿元产业集群。

二是发展壮大战略性产业。巩固提升新一代电子信息、智能家电、汽车产业、先进材料、现代轻工纺织、软件与信息服务、超高清视频显示、生物医药与健康、现代农业与食品等战略性支柱产业，引导产业由集聚发展向集群发展全面提升，推动产业集群质量变革、效率变革、动力变革。培育壮大半导体与集成电路、高端装备制造、智能机器人、区块链与量子信息、前沿新材料、新能源、激光与增材制造、数字创意、安全应急与环保、精密仪器设备等战略性新兴产业，积极推动产业集群专业化、差异化发展，不断培育新的经济增长点。

三是推进产业基础高级化和产业链现代化。以核心基础零部件（元器件）、关键基础材料、先进基础工艺、产业技术基础等"工业四基"领域为重点，开展关键基础技术和产品的工程化攻关，持续提升工业基础能力。精准推动产业基础再造，提升产业链、供应链自主可控水平。强化产业链安全性和自主性，提升佛山制造在全球产业链、供应链、价值链中的地位。

四是加快数字经济发展步伐。推动数字技术赋能佛山制造业转型升级，深入开展"2+2+4"产业集群数字化赋能行动。深入实施"机器换人"计划，推动工业机器人、智能加工设备等智能装备在制造业广泛应用。抓好工业大数据发展，实施企业"上云用数赋智"促进行动，推动制造业加速向数字化、网络化、智能化发展。突出开展"5G+工业互联网"的应用推广，扶持建设一批数字化车间、智能工厂、灯塔工厂、智慧园区。发展服务型制造，广泛推广大规模个性化定制、网络化协同制造，拓展传统制造业价值空间。

四　珠海科技创新和先进制造业发展现状及未来发展方向

（一）珠海科技创新发展现状

珠海市贯彻落实省"科技创新十二条"，出台《关于进一步促进科技创新的意见》，修订《珠海经济特区科技创新促进条例》，持续完善创新型企业、创新平台载体、创业孵化基地、产学研合作及基础研究、成果转化、珠港澳创新合作、科技金融、创新人才等方面的政策措施，引领支撑经济社会高质量发展。加强创新平台建设，布局"天琴计划"、南方海洋科学与工程广东省实验室（珠海），加快建设横琴科学城，珠海深圳清华大学研究院创新中心、珠海中科先进技术研究院、珠海复旦创新研究院、珠海智慧产业园先导区投入使用，国家新能源汽车质检中心成功落户。积极实施重大科技专项，支持企业加强关键核心技术攻关，提升集成电路、生物医药、新能源、新材料、高端打印设备、智能家电等现代化产业集群的核心竞争力。2022 年底，珠海全市高新技术企业总数达 2304 家，全市科技型中小企业入库数达 2184 家，全市技术先进型服务企业总数 30 家。拥有各级新型研发机构 40 家，科技型企业孵化器 36 家，众创空间 36 家。累计有"珠江人才计划"人才 26 名，省市两级创新创业团队共计 163 个。① 全社会研发经费投入占地区生产总值比重达 3.26%，每万人发明专利拥有量达 97 件。②

（二）珠海先进制造业发展现状

珠海围绕制造业高质量发展的建设目标，加快构建"4+3"现代产业体系，聚焦做大新一代信息技术、新能源、集成电路、生物医药与健康四大主导产业，做强智能家电、装备制造、精细化工三大优势产业，加快建设现代化产业体系，积极布局发展未来产业，推动传统产业转型升级。2022 年，全市规模以上工业增加值 1480.8 亿元，增长 6.9%（全省排名第一）；工业投资 593.8 亿元，增长 56.4%（全省排名第一）；制造业投资 522 亿元，增长 81.6%（全省排名第一）。"4+3"产业集群产值达 4182 亿元，增长 13.5%。其中，新能源增长 81.8%，高端装备制造增长 13.1%，精细化工增长 11.3%。③

（三）珠海科技创新未来发展方向

珠海市紧紧围绕建设粤港澳大湾区国际科技创新中心核心任务，

---

① 《【珠江岸潮】珠海这项排名，全国地级市第二！》，微信公众号"ZHBIT 马克思主义学院"，https：//mp. weixin. qq. com/s？ __biz = MzA5MTc4Nzk5OQ = = &mid = 2653848471&idx = 4&sn = 2107bbe69b241b9e972a885110a2 edcf&chksm = 8bad2427bcdaad313769beb5199723 dc1c98327bca387c08efdabb4a4fcff5856c8e6f5 227b7&scene = 27。

② 《珠海市人民政府关于印发珠海市科技创新"十四五"规划的通知（珠府〔2021〕86 号）》，珠海市人民政府办公室网站，http：//www. zhuhai. gov. cn/gkmlpt/content/3/3047/post_3047018. html#1637。

③ 《2023 年珠海市人民政府工作报告》，珠海市人民政府办公室网站，http：//www. zhu hai. gov. cn/gkmlpt/content/3/3486/mpost_3486468. html#1640。

聚焦强化战略科技力量、构建全链条科技创新体系、提升科技支撑经济社会发展能力、培育壮大各类创新创业主体、集聚高端创新资源要素、建立健全科技创新治理体系等持续发力，高质量推进区域科技创新中心、创新发展先行区建设，为推动珠海加快建成中国特色社会主义现代化国际化经济特区、打造粤港澳大湾区高质量发展新引擎提供科技支撑。

一是积极参与粤港澳大湾区国际科技创新中心建设。珠海立足建设区域科技创新中心、创新发展先行区定位，构建"极核引领、主轴贯通、多组团支撑"创新发展格局。以高新区唐家湾主园区为极点，构建城市创新发展新引擎，发挥极核对全市创新发展的引领示范作用；依托港珠澳大桥发展轴，促进产城融合及创新资源要素合理配置，加快推动形成东西部协调发展新格局；推动航空新城、高栏海港城、富山智造城、万山海岛中心镇等组团发展，大力发展智造经济、数字经济、服务经济、海洋经济等，推动形成错位分工、互补发展、良性互动的发展格局。

二是加快构建内外融通创新网络。充分发挥毗邻港澳优势，建立健全珠港澳科技合作联络协调机制，不断深化珠港澳科技创新合作。与广州、深圳在数字经济、生命健康、新能源汽车等产业领域合作，强化政策衔接和产业对接，探索共同布局重大科技创新基础设施和高水平研究机构，构建区域经济发展新轴带。促进湾区城市间联动发展，强化与中山、江门、佛山、阳江等城市的合作，合力共建粤港澳大湾区（珠西）高端产业集聚发展区及珠江西岸先进装备制造产业带。推动珠江口西岸都市圈与广州都市圈、深圳都市圈协同发展，全力打造珠江口东西两岸融合互动发展先行示范。积极与北京、上海、合肥、杭州等国内先进城市互动协作，进一步拓宽合作领域、提高合作层次。积极加强国际科技交流与合作，集聚全球高端创新资源，引进转化一批重大科研成果，融入全球科技创新网络。

三是强化服务国家需求的战略科技力量。推动重大科技基础设施规划布局，谋划建设 1~2 个具有靶向性、聚焦性的科技基础设施，携手港澳力争新一轮国家大科学装置落户珠海。加速推进科技基础设施平台建设，推动与中国科学院计算技术研究所共建的横琴先进智能计算平台加快建设，为粤港澳大湾区企业提供智能算力及产业支撑。推进"天琴计划"实施，打造国际一流的引力波探测与空间精密测量领域研究高地。高标准打造南方海洋科学与工程广东省实验室（珠海）、广东省智能科学与技术研究院、珠海市生物安全 P3 实验室等一批省、市实验室。聚焦基础研究、人工智能、新一代信息技术、新材料、先进制造、生物医药、海洋环境、智慧城市和现代农业等重点领域培育若干个粤港澳联合实验室。

四是着力构建完善全链条科技创新体系。全面提高基础研究与应用基础研究能力，强化基础研究、应用基础研究和技术创新一体化部署与全链条实施，大力推进重点领域应用技术创新。聚焦生命科学、环境科学、人工智能和智慧城市等前沿战略领域，支持珠港澳高等院校、科研机构和企业深度合作，提升原始创新能力和基础研究合作水平。推动重点领域关键核心技术攻关，聚焦海洋工程装备、航空航天装备、环保交通装备、智能制造与机器人、新能源与新材料、高端电子信息、软件与集成电路、智能家电、生物医药与医疗器械、打印设备与 3D 打印、高技术服务业、现代生态农业与海洋产业等重点领域，开展具有重大创新性和突破性的技术研发活动。在区块链、人工智能、空天科技、生命健康等前沿领域加强研发布局。实现成果转移转化供给端与需求端的精准对接，支持企业加强科技成果转化应用，提高高校和科研机构成果转化能力。

五是全力提升科技支撑经济社会发展能力。聚焦集成电路、生物医药、新能源、新材料、高端打印设备、智能家电"5+1"重点产业领域，提升"工业四基"能力，打造一批具有竞争力的现代化产业集群。实施"互联网+先进制造业"，推进自动化、数字化、网络化、智能化改造升级和工业机器人等应用，加快打造一批智能工厂、数字化车间和智能制造业试点示范项目。支持 5G、物联网、人工智能、区块链为产业"赋智赋能"，持续促进产业高质量发展。

六是大力培育经济发展新动能。加快谋划布局一批未来产业，在人工智能与智能制造、区块链、量子信息、空天科技、海洋产业等重点领域加快布局，促进技术集成、商业模式创新、产品服务创新，为珠海经济增长储备未来产业新动能。培育发展新业态新模式，深化与华为、腾讯等企业的合作，推动顺丰智慧供应链产业基地、珠澳跨境电商基地、碳云智能数字生命产业园等项目建设，培育数字经济、绿色经济、智能经济、共享经济等新经济形态，打造珠海经济发展新增长点。

（四）珠海先进制造业未来发展方向

一是打好产业链供应链现代化攻坚战。聚焦家用电器、集成电路、生物医药、新能源、新材料、高端打印设备等优势产业，提升产业链供应链稳定性和竞争力。聚焦新一代信息技术、高端医疗器械和智能制造等领域，申建高性能伺服系统国家工程研究中心，支持企业建设制造业创新中心。编制重点制造业技术路线图，实施产业基础再造专项行动，实施"以投促引"策略，鼓励龙头骨干企业建立产能协调、覆盖广泛的全球供应链网络。

二是培育壮大战略性新兴产业。建设全球先进制造业基地和产业创新高地，培育集成电路产业、生物医药大健康产业、特色新能源产业、新材料产业、打印设备产业等五大战略性新兴产业集群，打造具有区域影响力的集成电路产业集聚区、生物医药大健康产业集群、特色新能源产业高地、国际一流的新材料产业基地、最具影响力的打印设备产业高地。

三是打造具有国际竞争力的航空产业集群。积极引入商用大飞机总装企业、飞机大修企业、飞机零部件制造企业和飞机融资租赁企业，构建商用飞机全产业链，建设国内重要的民用航空产业基地。完善航空产业扶持政策，支持通用航空企业加强自主创新，打造国内一流的通用航空产业综合示范区。重点发展宇航电子、微纳卫星星座及卫星大数据等产业及其应用，壮大航天产业。

四是打造珠江口西岸数字经济高地。推进建设数字经济创新发展试验区，建设省级信创产业示范区、5G 产业园。提升数字经济核心产业发展能级，培育壮大智能机器人、语言识别、图像识别等人工智能产业。加强芯片设计、基础软件、模型算法等领域的基础研究和前沿布局，突破共识机制、智能合约、加密算法、跨链等关键核心技术，建设区块链产业集聚区。实施"5G+工业互联网"工程，培育工业互联网应用标杆企业，支持企业打造智能化工厂。

五　中山科技创新和先进制造业发展现状及未来发展方向

（一）中山科技创新发展现状

近年来，中山市深入实施创新驱动发展战略，加大与深圳、广州、佛山等地在区域协同创新、产业链创新链精准对接、科技成果转化应用、科技金融融合等方面的合作力度，持续推动珠江口东西两岸科技创新一体化步伐。同时，采取持续加大科技创新投入、打造高水平科技创新平台、着力强化企业创新主体地位、加快集聚创新创业人才等举措，推动科技创新综合实力不断提升。2022 年，全市研发经费（R&D）投入增长 9.7%，专利授权总量 4.33 万件，比上年增长 4.4%。其中，发明专利授权量 1939件，增长 25.4%。PCT 国际专利申请量 178 件，增长 9.2%。全市高新技术企业约 2634 家。[1] 省市级创新创业科研团队 61 个，博士、博士后平台累计达 89 家。[2]

---

[1] 《2022 年中山市国民经济和社会发展统计公报》，中山市统计局网站，http://stats.zs.gov.cn/gkmlpt/content/2/2270/mpost_2270134.html#405。

[2] 中共中山市委、中山市人民政府：《致全市广大科技工作者的一封信》，《中山日报》2023年 5 月 30 日。

（二）中山先进制造业发展现状

近年来，中山市聚焦"珠江口东西两岸融合发展支撑点、沿海经济带枢纽城市、粤港澳大湾区重要一极"的城市定位，坚持工业立市，深入实施产业转型升级工程，坚持改造提升传统产业与培育新兴产业两手抓，推动家电、灯饰、五金、家具等传统制造业数字化智能化转型，加快"中山制造"向"中山智造"转变。培育壮大战略性新兴产业，依托中科中山药物创新研究院平台，把生物医药产业发展与全省生物医药创新研发结合起来，加快形成产业集聚效应，推动生物医药产业做强做大；聚焦新一代信息技术、高端装备制造等发展基础较好的产业，打造若干千亿级战略性新兴产业集群；聚力发展工业机器人、新能源、光电光学、半导体与集成电路等四大极具潜力的产业，力争在关键和细分领域抢占发展先机。推动现代服务业与先进制造业深度融合，围绕先进制造业生产模式，重点发展信息服务、科技服务、数字贸易、检验检测等生产性服务业。2022 年，中山市先进制造业增加值为 680.66 亿元，占规模以上工业增加值比重为48.6%；高技术制造业增加值为 218.98 亿元，占规模以上工业增加值比重为 15.6%；传统优势产业增加值为 449.99 亿元，占规模以上工业增加值比重 32.2%；装备制造业增加值为 479.72 亿元，占规模以上工业增加值比重为 34.3%。[①]

（三）中山科技创新未来发展方向

一是全面优化创新发展空间布局。全力打造火炬开发区、翠亨新区、岐江新城等 3 个重大创新平台。着力构建中山科学城、中山南部新城、中山北部产业园、中山西部产业园等四大特色产业平台。依托"3+4"重大

---

① 《2022 年中山市国民经济和社会发展统计公报》，中山市统计局网站，http：//stats. zs. gov. cn/gkmlpt/content/2/2270/mpost_2270134. html#405。

产业平台，统筹配置全市科技创新资源，促进全市创新发展空间格局优化。

二是大力发展高水平科技创新主体。完善以企业为主体、以市场为导向、产学研深度融合的技术创新体系，建立覆盖科技创新企业全生命周期的政策支持体系。深入实施科技型企业树标提质工程，推动新一代信息技术、高端装备制造、健康医药、新材料、新能源等产业的高新技术企业提质扩面，加快培育一批专精特新企业、单项冠军企业、创新标杆企业和领军企业。依托"3+4"重大产业平台，围绕人工智能、数字经济、新一代信息技术、高端装备制造、健康医药等新兴产业，引进培育总部企业。完善普惠性创新支持政策，促进各类创新要素向企业集聚。

三是构建现代产业技术体系。实施"5321"工程，积极对接省战略性新兴产业集群培育战略，聚焦新一代信息技术、健康医药、高端装备制造、新材料、新能源等战略性新兴产业发展的重大科技需求，加强共性技术、关键技术、颠覆性技术研发。推动互联网、大数据、人工智能等同各产业深度融合，推动先进制造业集群发展。实施传统优势产业转型升级行动计划，推动家电、家具、灯饰、五金、纺织等传统优势产业向智能化、品牌化、绿色化转型，推动灯饰光源、家用电器、五金制品、板式家具等特色优势产业数字化、智能化改造，推动"中山制造"向"中山智造"转变。

四是优化新型现代产业技术布局。在新一代信息技术产业方面，重点布局新一代网络通信、高性能集成电路、新型显示、激光器件、新型材料及器件、4K电视网络、高端软件、新一代通信设备测试技术等领域。在健康医药产业方面，重点布局生物制药、化学药、现代中药、高端医疗器械、生物制品、基因检测、公共服务平台等领域。在高端装备制造产业方面，重点布局智能制造装备、光电子装备、新能源装备、高端医疗装备、节能环保装备、海洋工程装备、特种装备、新能源汽车及关键部件、航空航天装备、数据中心基础建设装备等领域。在新材料产业方面，重点布局新兴功能材料、先进结构材料、高性能复合材料、前沿新材料等重点领域。在新能源产业方面，重点布局能源互联网、智能电网、太阳能产业、风能产业、生物质能及其他新能源产业。在智能家居产业方面，重点布局智能单品与设备、智能家居关键部件、系统集成与平台服务等领域。在社会民生方面，重点布局疫情防控、安全生产、食品药品及医疗器械安全、防灾减灾（消防）、应急保障、生命健康、现代农业、绿色发展等领域。

五是推动人工智能和数字经济发展。在人工智能方面，重点支持智能制造、智能驾驶、智慧医疗、智慧教育等领域。在产业数字化方面，重点支持跨境电商、信创产业、区块链、量子信息、车联网等领域。在数字产业化方面，围绕电子政务、装备制造、电子信息、智能家电、医疗健康、在线教育、商务服务等领域开展人工智能与数字经济应用。推动物联网、工业互联网、云计算、大数据、5G等新一代信息技术协同攻关和集成应用，构建多元化应用场景。

（四）中山先进制造业未来发展方向

中山市坚持把发展着力点放在实体经济上，坚定不移建设制造强市、质量强市、数字中山，大力推动产业高端化发展，深度融入全球产业链，打好产业基础高级化、产业链现代化攻坚战，打造具有国际竞争力的现代产业体系。

一是打造先进制造业集群。重点培育智能家居、电子信息、装备制造、健康医药四大战略性支柱产业集群，支撑全市制造业结构战略性调整。培育壮大半导体及集成电路、激光与增材制造、新能源、智能机器人、精密仪器设备、数字创意六大战略性新兴产业集群，建设一批战略性新兴产业示范区和未来产业先导区。做优做强灯饰光源、家用电器、五金制品、板式家具四大特色优势产业集群，推动传统优势产业转型升级。

二是实施产业基础再造工程。瞄准智能家居、电子信息、装备制造和健康医药等重点产业，加快建设产业共性技术平台。加大制造业核心基础零部件、核心电子元器件等领域科研攻关力度，加快项目工程化、产业化进程，支持制造业基础产品和技术首台套、首批次、首版次应用推广。实施新一轮技术改造，重点推动家电、家具、灯饰、五金、纺织等传统行业企业运用先进、实用技术改造升级生产工艺。

三是深入实施质量提升计划。以建设质量强市为牵引，深入实施标准、质量、品牌战略，推动企业从产品生产向品牌经营转变。实施重点产业集群贯标工程，开展重点产品与国内外标杆产品的执行标准和质量指标"双对比、双提升"。深入实施商标品牌战略，打造一批具有国内外影响力的中山品牌。

四是提升产业链发展水平。重点打造家居链、信息链、装备链、健康链四大标志性产业链，培育壮大纺织链、美妆链、能源链三大特色产业链。建立重点产业链"链长制"，推进优势产业集群强链补链拓链，推动产业链协同创新，争创省特色产业集群产业链协同创新试点。

五是推动产业协同融合发展。推动现代服务业与先进制造业深度融合，大力发展服务型制造，建设一批服务型制造示范企业、平台和项目。强化数字技术对制造业的赋能，加快建设智能生产线、数字化车间、智能工厂，推行制造业全链条数字化、网络化、智能化。

六　江门科技创新和先进制造业发展现状及未来发展方向

（一）江门科技创新发展现状

近年来，江门全面落实创新驱动发展战略，主动参与粤港澳大湾区国际科技创新中心建设，深入推进珠三角（江门）国家自主创新示范区和珠三角国家科技成果转移转化示范区建设，启动国家创新型城市建设，取得显著成效。科技创新能力大幅提升，2020 年全社会研发投入 78.57 亿元，占地区生产总值比重为 2.45%。[①] 高新技术产业持续壮大，形成以高端装备制造、新一代信息技术、新能源汽车及零部件、大健康、新材料为代表的现代产业体系，2022 年全市有高新技术企业 2694 家。[②] 区域创新体系日益完善，积极参与国家和广东省重大科技基础设施集群建设，推进新型研发机构、实验室等创新平台建设，形成了以企业为主体多层次、全链条、广覆盖的区域创新体系。截至 2022 年，全市累计建成省级以上创新平台 517 家、省级工程技术研究中心 431 家、市（县）属科学研究开发机构 17 家。[③]

（二）江门先进制造业发展现状

江门坚持走"工业立市、制造强市"之路，加快战略性产业集群培育、构筑现代产业体系，着力打造珠江西岸新增长极和沿海经济带上的江海门户。聚焦高端装备制造、新一代信息技术、新材料、大健康、新能源汽车及零部件等五大新兴产业，不断强化新动能支撑作用。深入推进工业互联网建设，在全省率先成立地级市工业互联网联盟，截至 2021 年，累计扶持 170 家中小企业"上云上平台"，推动 300 家工业企业运用工业互联网转型升级，建成 7 个工业互联网平台和 22 个工业互联网示范标杆项目。"十三五"期间，江门工业规模稳步增长，工业产值突破 5000 亿元，规上工业增加值年均增长 6.04%，总量保持全省第 8。2020 年，江门市高端装备制造、新一代信息技术、新材料、大健康、新能源汽车及零部件等五大

① 《科技创新潮起 发展动能奔涌》，江门市人民政府网站，http：//www. jiangmen. gov. cn/home/zwyw/content/post_2478961. html。

② 《2022 年江门市国民经济和社会发展统计公报》，江门市统计局网站，http：//www. jiangmen. gov. cn/bmpd/jmstjj/zwgk/tjgbyfx/content/post_2852830. html。

③ 《2022 年江门市国民经济和社会发展统计公报》，江门市统计局网站，http：//www. jiangmen. gov. cn/bmpd/jmstjj/zwgk/tjgbyfx/content/post_2852830. html。

新兴产业实现规上产值超 2100 亿元，约占全市规上工业总产值的一半。①
产业结构不断优化，2022 年江门规模以上先进制造业增加值比上年增长
4.9%，占规模以上工业增加值的比重为 41.9%；规模以上高技术制造业增
加值比上年增长 5.8%，占规模以上工业增加值的比重为 12.3%。②

（三）江门科技创新未来发展方向

江门市全力推进"科技引领"工程，深入实施"5+3"行动计划，促
进创新链与产业链深度融合，建设国家创新型城市，努力构建"基础研
究+技术攻关+成果产业转化+科技金融+人才支撑"全过程创新生态链，
加快建设更高水平科技强市。

一是深入推进"科技引领"工程。构建以江门国家高新区为"核心"
的"一核、两带、多极点"创新发展格局。实施战略科技"平台筑基"行
动、产业发展"科技强链"行动、科技企业"创新赋能"行动、研发投入
"聚力提升"行动、对接港澳"科技合作"行动、科技园区"提质增效"
行动、侨都"科技人才高地"行动、创新创业"生态培育"行动等八大行
动，构建全过程创新生态链。

二是强化重大平台建设。围绕国家战略布局，推进中国科学院（江
门）中微子试验站重大科技基础设施建设，强化大科学装置对科技产业的
支撑引领作用。完善实验室创新体系，与香港科技大学共建"双碳"实验
室，加快华南生物医药大动物模型研究院（江门）建设，支持行业龙头企
业建设省级以上实验室。推动江门市市域社会智慧治理技术创新中心、广
东省科学院江门产业技术研究院、江门人才岛科创中心等科技创新载体建

---

① 《江门市人民政府关于印发〈江门市先进制造业发展"十四五"规划〉的通知》，江门市
人民政府网站，http://www.jiangmen.gov.cn/gkmlpt/content/2/2566/post _ 2566948.html
#6。

② 《2022 年江门市国民经济和社会发展统计公报》，江门市统计局网站，http://www.jiang
men.gov.cn/bmpd/jmstjj/zwgk/tjgbyfx/content/post_2852830.html。

设，将创新平台作为聚项目、聚人才的重要载体，打造具有江门特色的"科技王牌军"，强化战略科技力量支撑。推动江门市大健康国际创新研究院、广东华南精细化工研究院、广东南大机器人等新型研发机构提质增效。

三是推动产业技术创新发展。进一步增强源头创新能力，支持高端装备制造、新材料、生物医药与大健康、激光与增材制造等领域加强基础研究和理论研究。聚焦现代农业与食品、现代轻工纺织、智能家电、生物医药与大健康、高端装备制造、安全应急与环保、激光与增材制造、智能机器人等八大战略性产业集群，组织实施重大科技计划项目，提升八大战略性产业集群科技创新水平。推进新一代电子信息、绿色石化、汽车产业、先进材料、软件与信息服务、超高清视频显示、半导体与集成电路、区块链与量子信息、前沿新材料、新能源、数字创意、精密仪器设备等 12 个战略性支柱产业和新兴产业集群创新发展，不断提高产业自主创新能力。推动金属制品、造纸和印刷、纺织服装、家电、摩托车等特色优势产业改造升级。

（四）江门先进制造业未来发展方向

一是加快发展战略性新兴产业集群。江门市对照广东省 20 个战略性新兴产业集群，全力打造"5+N"先进制造集群体系。围绕新材料、大健康、高端装备制造、新一代信息技术、新能源汽车及零部件等五大新兴产业，打造超 1000 亿元产业集群；推动金属制品、造纸和印刷、纺织服装、家电、摩托车及零部件、食品等特色优势产业形成超 500 亿元特色产业集群；推动半导体与集成电路、新能源、激光与增材制造、安全应急与环保、精密仪器设备等产业形成超 100 亿元产业集群。积极布局区块链与量子信息、前沿新材料、新型生命健康技术、海洋科技等前沿未来产业。

二是进一步强化企业主体地位。支持无限极、大长江、海信、优美科、德昌电机等龙头企业做大做强，将台山核电、亚太纸业、富华重工、中车广东等培育成产值超百亿元企业。实施制造业企业倍增计划，推动一批重点企业实现主营业务收入倍增，培养一批"隐形冠军"、"单项冠军"和行业"小巨人"企业。

三是增强产业链供应链自主可控能力。实施产业基础再造工程，加快推动产业链供应链稳链、补链、强链、控链，提升产业链供应链现代化水平。实施质量能力提升工程，促进产业集群质量提升，创建全国质量强市示范城市。推进产业融合发展，加快对制造环节的数字赋能，拓展大规模个性化定制、网络化协同制造、共享生产平台等模式，推动制造业全链条数字化智能化。

四是加快数字化发展。积极参与广东国家数字经济创新发展试验区建设，加强数字经济发展顶层设计，推动制造业数字化网络化智能化升级，积极发展数字经济新业态新模式，不断提升数字化引领能力。

七　惠州科技创新和先进制造业发展现状及未来发展方向

（一）惠州科技创新发展现状

近年来，惠州市深入实施创新驱动发展战略，推动重大科技创新平台建设，不断提升自主创新能力，培育创新发展新动能，建设高端创新人才队伍，优化创新创业环境，取得显著成效。研发投入大幅增长，"十三五"末达到 126.5 亿元，年均增速为 14.7%，研发投入占地区 GDP 比重为 3.0%。创新型产业集群发展壮大，"十三五"末，惠州市高技术制造业、先进制造业规上工业增加值分别为 764.87 亿元和 1185.67 亿元，占规上工业增加值比重分别为 43.8% 和 64.2%。重大创新平台建设取得突破，布局建设中国科学院加速器驱动嬗变研究装置、强流重离子加速器装置，同位素研发平台和高能量密度研究平台获省支持，先进能源科学与技术省实验室成功获批。新型研发机构发展壮大，截至 2020 年底，惠州拥有省级新型研发机构 10 家、市级新型研发机构 11 家。企业创新主体地位稳定提升，"十三五"末，规上工业企业研发经费投入 115.3 亿元，占全社会研发经费投入总量的 91.1%。高新技术产品产值占工业总产值比重达 52.17%。规上工业企业研发机构覆盖率达 51.65%，有市级以上工程技术研究中心 484 家，省级以上 182 家，国家级 2 家。科技成果不断涌现，截至 2020 年底，万人发明专利拥有量为 17.65 件，技术合同成交金额为 11.2 亿元。有国家级科技企业孵化器 7 家、省级 6 家，国家级众创空间 10 家。①

（二）惠州先进制造业发展现状

近年来，惠州市坚定"工业立市"不动摇，不断强化制造业发展保障机制，打造"2+1"现代产业集群，积极谋划"3+7"工业园区，持续巩固提升世界级石化产业基地、国家电子信息产业基地地位，为先进制造业发展奠定坚实基础。石化产业进一步集聚，2020 年规上工业总产值 1391.8 亿元，产值规模居全省第二，大亚湾石化区炼化一体化规模全国第一，综合实力位居中国化工园区 30 强第一。电子信息产业集群基础进一步夯实，2020 年，全市规上电子信息产业工业总产值 3900 亿元，产值规模居全省第三，4K 电视机和车载导航产量占全国的 33% 和 60%，超高清视频和智能家电入选国家先进制造业集群决赛优胜者名单。生物医药和健康产业取得突破，2020 年完成工业产值 52.6 亿元。2020 年，全市先进制造业增加值 1057.1 亿元，占规上工业增加值比重达 64.2%，高出全省 8.1 个百分点。企业梯队结构日趋优化，2020 年全市拥有产值超 100 亿元企业 10 家、超 50 亿元企业 20 家、超 10 亿元企业 96 家，拥有国家级专精特新"小巨人"企业 10 家。②

---

① 《惠州市人民政府关于印发〈惠州市科技创新"十四五"规划〉的通知》，惠州市人民政府办公室网站，http：//www.huizhou.gov.cn/gkmlpt/content/4/4558/mpost_4558641.html#10383。

② 《惠州市先进制造业发展"十四五"规划》，惠州市人民政府网站，http：//www.huizhou.gov.cn/attachment/0/192/192308/4556745.pdf。

（三）惠州科技创新未来发展方向

一是加强科技合作。推动强流重离子加速器装置和加速器驱动嬗变研究装置等国家重大科技基础设施建设，启动同位素放药关键技术研发及示范项目，打造大湾区能源产业科技创新中心和国际核能科学与技术研究中心。加强与广州、深圳等大湾区城市的科技创新资源对接，积极承接深圳新一代电子信息、生物医药等产业资源外溢，促进深圳科技创新成果在惠州转化，探索创建"深惠协同发展试验区"，打造与深圳无缝对接的创新环境；大力引进广州高校、科研院所资源，支持广州高校到惠州设立分校或研究院，支持科研院所到惠州成立分支机构；探索与东莞合作共建莞惠先进制造业合作示范区；积极对接广州知识城、南沙粤港澳全面合作示范区、东莞松山湖科学城等地溢出产业。同时，还要全面深化与港澳的科技创新合作，加强国际科技交流合作。

二是加大技术攻关力度。围绕核能与核技术、化石能源、新材料等领域加强基础研究与应用基础研究，完善基础研究投入体系，支持开展前沿颠覆性技术创新。围绕新一代信息技术、石化能源、新材料、先进装备制造、生物医药等重点领域加强关键核心技术攻关，打造经济发展新引擎。在现代农业、食品安全、人口健康、绿色低碳、智慧城市、海洋科技等民生领域开展技术攻关。

三是推动重大创新平台建设。加快推动强流重离子加速器装置、加速器驱动嬗变研究装置等国家重大科技基础设施建设，打造大科学装置集群。推进先进能源科学与技术省实验室建设运营，发挥省实验室协同联动作用，加快构建实验室体系，建设全球能源科技创新高地和新兴能源产业重要策源地。推动中山大学惠州研究院、惠州中科先进制造研究中心、惠州市广工大物联网协同创新研究院、惠州市南方智能制造产业研究院等新型研发机构建设，推动工程技术研究中心及高水平研究院等重大创新平台建设，集聚高端创新资源，支撑现代产业高质量发展。

四是推动科技园区改革创新发展。强化仲恺高新区示范引领作用，推动高新区开展改革试点，建设国家高新区综合改革示范区，力争建设全国一流高新区。优化提升大亚湾开发区创新能力，支撑大亚湾打造世界级绿色石化产业基地。加快推进中韩（惠州）产业园创新发展，探索复制推广自由贸易试验区的先行先试政策。培育建设惠城高新科技产业园、惠阳（象岭）智慧科技产业园、惠东新材料产业园等园区，把园区建设成为创新发展与产业转型升级的先导区。

（四）惠州先进制造业未来发展方向

一是优化先进制造业空间布局。依托惠州市 1 号公路打造陆海联动先进制造业发展轴，依托沿江交通轴线打造临东江高端制造业发展带、依托中部交通轴线打造中部轴线先进制造业发展带、依托东西交通轴线打造惠深先进制造业融合发展带，构建"一轴三带"先进制造业集聚发展空间格局。

二是打造"2+1"先进制造业集群。围绕电子信息产业集群、石化能源新材料产业集群和生命健康产业集群，重点建设绿色石化、清洁能源和新能源、新材料、新一代电子信息、超高清视频、大数据和软件信息服务业、先进装备制造、医药与健康、现代农业与食品等九大细分产业。在推动九大细分产业发展的同时，惠州还积极布局先进材料、人工智能、信息安全、区块链、天然气水合物等领域的未来产业，以及推动服装、鞋业、家具制造等传统产业转型升级。

三是实施系列行动为先进制造业发展保驾护航。实施融深融湾行动，加强与湾区主要城市的规划和交通对接，高标准建设特色产业合作平台，全力支持和参与"双区"和"两个合作区"建设，提升开放合作水平。实施园区建设行动，加强园区产业和功能定位研究，明晰园区主导产业，完善园区功能，提升园区产业承载力。实施项目攻坚行动，加大招商和项目建设力度，完善项目服务监管机制，推动项目建设提速。实施优企培育行动，培育壮大"链主"企业，培育专精特新企业，推动企业分工合作，促进大中小企业融通发展。实施数智赋能行动，加快推进企业数字化转型，推动工业互联网创新发展，打造融合应用示范场景。实施低碳转型行动，大力发展绿色制造，加快循环发展，提高资源利用效率。实施科技创新行动，构建产业创新支撑体系，打造高效技术转移转化体系，不断提升自主创新能力。

八 肇庆科技创新和先进制造业发展现状及未来发展方向

（一）肇庆科技创新发展现状

近年来，肇庆市坚决贯彻落实创新驱动发展战略，大力实施创新驱动发展"1133"工程，全面深化科技创新体制改革，优化科技创新生态环境，科技创新工作取得明显成效。科技创新投入力度不断加大，2020 年地方财政科技投入达 10.16 亿元，比 2015 年翻一番；全社会研发投入从2015 年的 19.67 亿元增加至 2020 年的 24.94 亿元。科技创新主体不断壮大，2020 年全市高新技术企业总量达到 693 家，是 2015 年的 5 倍。拥有省级以上科技创新平台载体 162 家，省级新型研发机构 5 家、市级 21 家。科技创新载体加快发展，肇庆高新区获批建设珠三角（肇庆）国家科技成果转移转化示范区，珠三角（肇庆）国家自主创新示范区正全力建设。科技创新人才加速集聚，大力实施"西江人才计划"，引育省级以上人才（团队）183 人（个），自主培育国家级人才项目入选者 55 人、柔性引进国家级人才 71 人；引育西江创新创业团队 25 个、领军人才 14 人。肇庆市被认定为国家知识产权试点城市和国家专利保险试点城市，至 2020 年，全市发明专利拥有量达 1977 件，是 2015 年的 3 倍。[①]

---

① 《肇庆市人民政府关于印发肇庆市科技创新"十四五"规划的通知》，肇庆市科学技术局网站，http://www.zhaoqing.gov.cn/zqkjj/gkmlpt/content/2/2662/post_2662912.html#21375。

（二）肇庆先进制造业发展现状

近年来，肇庆市围绕新能源汽车及汽车零部件、电子信息、生物医药、金属加工 4 个主导产业和建筑材料、家具制造、食品饮料、精细化工 4 个特色产业，加快引进一批带动力强、附加值高的建链强链补链扩链项目，推动形成"4+4"制造业发展格局。打造"2+4+N"产业平台，以肇庆高新区、肇庆新区为两大极核，加快建设肇庆高新区小鹏汽车、宁德时代以及肇庆新区电子信息产业园等重大项目；以西江高新区、金利高新区、四会高新区和经济开发区、端州三榕工业园双龙片区经济开发区为四大支点，建设 N 个特色鲜明、集聚效应较强的制造业专业园区，着力推进西江先进制造业走廊建设。"十三五"时期，肇庆规模以上工业增加值分别增长 3.7%、4.9%、7.9%、6.9%、2.6%，平均增速与地区生产总值增速同步。2020 年，先进制造业增加值比上年增长 8.4%，高技术制造业增加值占规模以上工业增加值比重达 9.3%，比 2015 年提高 0.7 个百分点。2020 年，全市"4+4"产业实现工业总产值 2206.25 亿元，占全市规模以上工业总产值的 69.0%，同比增长 4.7%。[①]

（三）肇庆科技创新未来发展方向

一是加强产业源头创新供给。加快推进岭南现代农业科学与技术广东省实验室肇庆分中心建设，开展应用基础研究和核心技术攻关，推进科研成果转移转化，打造国家实验室"预备队"。推动高校创新能力提升，探索成立"粤肇联合基金"，鼓励支持高校联合企业等创新主体建设研发平台，承担国家、省、市重大科技项目，提升创新发展的源动力。支持智能制造研究院（肇庆高要）、武汉大学（肇庆）资源与环境技术研究院、肇庆市华师大光电产业研究院、华农（肇庆）生物产业技术研究院等省级新

---

① 杨慧荣：《"4+4"产业体系挺起工业脊梁》，《南方日报》2021 年 11 月 19 日。

型研发机构提质增效。支持新能源汽车及汽车零部件、电子信息等产业的龙头企业牵头组建省级技术创新中心、制造业创新中心，推动技术创新中心与工程研究中心、工程实验室、企业技术中心等各类创新平台联动发展，构建完善的产业技术创新供给体系。

二是加强主导产业核心技术攻关。实施重点领域研发计划，围绕新能源汽车及汽车零部件、电子信息、绿色建材、金属加工等主导产业开展关键核心技术攻关，增强产业创新发展能力。在新能源汽车及汽车零部件领域，围绕新能源汽车整车以及动力电池、驱动电机、传感器及元器件、智能制造等关键技术攻关；在电子信息领域，攻克新型电子元器件、新一代半导体照明和显示、集成电路等领域的核心技术，加快发展人工智能、工业互联网、云计算、5G等新一代电子信息技术；在绿色建材领域，重点发展绿色水泥、高端陶瓷制品、金属建筑型材、装配式建筑、新型玻璃等绿色建材产业；在金属加工领域，重点支持研发和生产新型建筑铝材、无取向硅钢、高端铜加工制品、高强度汽车用先进不锈钢材料、超薄超平超硬超精不锈钢带材和板材等产品。

三是加强特色产业技术创新和战略性产业科技支撑。在特色产业方面，聚焦家具制造、食品饮料、精细化工、生物医药等特色产业的短板，强化关键核心技术应用研究和技术改造，推动特色产业高端化、数字化、智能化、绿色化发展。在战略性产业方面，大力发展新能源、高端装备制造和人工智能产业，积极发展数字经济。重点围绕新一代电子信息、汽车、先进材料、生物医药与健康、绿色石化、现代轻工纺织、现代农业与食品等战略性支柱产业以及半导体与集成电路、高端装备制造、智能机器人、区块链与量子信息、前沿新材料、安全应急与环保、精密仪器设备等战略性新兴产业，打造高端创新平台，促进战略性产业核心竞争力提升。

（四）肇庆先进制造业未来发展方向

一是培育壮大"4+4"制造业集群。全力打造新能源汽车及汽车零部件、金属加工等产值超千亿元产业集群。新能源汽车及汽车零部件产业以宁德时代动力及储能电池肇庆项目（一期）、肇庆小鹏汽车智能网联科技产业园项目、广东鸿图科技园项目等为龙头，着力引育新能源汽车整车龙头企业和零部件骨干企业，打造具有重要影响力的新能源汽车生产基地、动力电池制造基地。推动金属加工产业向精密装备、机器人、海洋工程及风电、轨道交通、航空及卫星应用等高端领域转型升级，着力打造具有重要影响力的铜材料研发制造加工基地。做精做强电子信息、建筑材料等产值超 500 亿元产业集群。电子信息产业以风华高科祥和工业园高端电容基地建设项目、广东喜珍电路科技有限公司高密度印刷线路板生产基地、富仕快捷电子科技有限公司 5G 通信电路板项目等为龙头，培育打造高端新型电子信息产业链。建筑材料产业以 ALC 装配式环保建材技术改造项目等为龙头，打造具有重要影响力的绿色建材生产基地。加快培育家具制造、食品饮料、精细化工等产值超 300 亿元产业集群。家具制造产业重点发展实木家具、板式家具、竹木家具、智能家具等领域，提升家具智能化、品牌化、绿色化发展水平。食品饮料产业构建品牌影响力大、科研投入足、市场竞争力强的"雁阵式"产业发展体系。精细化工产业重点发展树脂、无机盐制造、日用化学品等领域，推动产业创新升级。

二是建设"2+4+N"产业高水平发展平台。把肇庆高新区打造成为西江先进制造业走廊龙头，强化肇庆新区产业导入，把肇庆新区打造成为产业强市新引擎。加快推动西江省级高新区、金利省级高新区建设提速提质，推动四会新材料产业园创建省级高新区、端州三榕工业园双龙片区和四会经济开发区创建省级经济开发区。做大做强一县一核心园区，推动园区基础设施改造升级，提升公共服务配套水平。

三是推动先进制造业和现代服务业深度融合发展。以"制造业+服务""制造业+技术""制造业+互联网"等模式为引领，培育形成一批产业深度融合企业，打造一批深度融合产业链条、特色产业集群、融合载体。着力加强模式、业态创新，鼓励企业延伸产品全生命周期服务，推进生产模式向定制化、柔性化、服务化转型升级，实现在服务中创新、在服务中收益。

四是以数字技术赋能产业转型升级。以"数字肇庆"建设为牵引，系统布局一批数字经济基础设施，加快引育一批数字经济项目，推进数字产业化、产业数字化。积极推进"5G+工业互联网"发展，持续推动5G、云计算、人工智能、工业物联网等新一代信息技术在制造业领域的融合创新应用，大力推进智能化生产、个性化定制、网络化协同和服务化延伸等新技术、新产品、新业态、新模式。

五是增强产业链供应链自主可控能力。实施产业基础再造工程，补齐产业链短板，提升产业链水平，建立大中小微企业协同发展机制。

九　东莞科技创新和先进制造业发展现状及未来发展方向

（一）东莞科技创新发展现状

近年来，东莞以松山湖科学城纳入大湾区综合性国家科学中心先行启动区为契机，全面推进国家创新型城市建设，科技综合实力显著增强。"十三五"末，东莞市全社会研发投入占地区 GDP 比重提升至 3.54%，达到主要发达国家水平；每万人发明专利拥有量达 44.22 件，是全国平均水平的 2.8 倍；全市新型研发机构达 33 家，省级工程技术研究中心达 439 家；全市科技企业孵化器达 118 家（国家级达 25 家，居全省地级市第一），众创空间达 73 家（国家级 24 家）；国家级高新技术企业数量达 6385 家。企业创新主体地位不断增强，全社会研发经费来源于企业的比例达 94%，由企业牵头或参与的省级及以上重大科技项目占全市 80%。高端创新资源集聚能力不断增强，"十三五"末，全市有双聘院士 16 名、省领军人才 14 名、"广东特支计划"入选者 19 名、国务院政府特殊津贴专家 33

名，省创新科研团队数量居全省地级市第一。科技创新对产业转型升级的引领支撑作用显著增强，2020 年，全市先进制造业、高技术制造业增加值占规上工业企业增加值的比重分别达 50.9%、37.9%；规上高新技术企业实现工业总产值 1.19 万亿元，占全市规上工业总产值的比重达 55.01%，成为工业增长的主要力量；全市地均 GDP 达到 3.92 亿元，经济产出密度在全国主要城市位居第三。①

（二）东莞先进制造业发展现状

近年来，东莞坚持"制造业立市"不动摇，制造业规模不断扩大、产业结构持续优化、转型升级成效显著。截至 2020 年，东莞拥有规上工业企业 10861 家，规上工业总产值达 21608 亿元，规上工业增加值达 4145.6 亿元。"十三五"期间累计完成工业技改投资 3370.9 亿元，占工业投资比重达 66.1%。2020 年，东莞先进制造业、高技术制造业增加值占规模以上工业比重分别达 50.9%、37.9%。产业集群发展成效显著，2020 年东莞电子信息制造业规上工业增加值达 1366.8 亿元，占规上工业增加值比重达 33%；电气机械及设备制造业规上工业增加值达 872.6 亿元，占规上工业增加值比重达 21%。智能移动终端集群和"广深佛莞"智能装备集群入选国家先进制造业集群。新材料、新能源、生物医药和半导体及集成电路等新兴产业加速布局。智能制造深入推进，4 家企业成功创建国家级智能制造示范项目。截至 2020 年底，培育国家级专精特新"小巨人"企业 34 家、省级 152 家。②

---

① 《东莞市人民政府办公室关于印发〈东莞市科技创新"十四五"规划〉的通知》，东莞市人民政府办公室网站，http://www.dg.gov.cn/gkmlpt/content/3/3778/post_3778442.html#684。

② 《东莞市人民政府办公室关于印发〈东莞市制造业高质量发展"十四五"规划〉的通知》，东莞市人民政府办公室网站，http://www.dg.gov.cn/gkmlpt/content/3/3703/post_3703516.html#684。

（三）东莞科技创新未来发展方向

一是构建"一核一轴多节点"的科技空间布局。"一核"是指强化松山湖科学城的创新引领核心作用。"一轴"是指推动创新资源沿广深港科技创新走廊轴线集聚。"多节点"是指在全市范围内重点打造一批战略性新兴产业基地，强化科技赋能产业发展。

二是举全市之力推动共建大湾区综合性国家科学中心。在松山湖科学城建设重大科技基础设施集群，推动散裂中子源二期、先进阿秒激光装置、南方先进光源等关键技术预研项目立项建设。建设高水平的大学与科研院所，加快大湾区大学、香港城市大学（东莞）建设进度，推进东莞理工学院建设新型高水平理工科大学示范校，支持广东医科大学建设高水平医科大学，高标准建设松山湖材料实验室。支持粤港澳中子散射科学技术联合实验室、东莞材料基因高等理工研究院、东莞新能源研究院等一批高水平科研机构加快发展。积极对接国家战略科技力量在莞布局，加强基础研究与应用研究，加强与先进科学城的协同发展，将松山湖科学城打造成世界一流生态科学城。

三是构建紧贴世界前沿的技术创新体系。实施产业核心技术攻关工程，推进新一代信息技术、智能制造装备、新材料、生物医药、新能源等重点领域核心技术攻关。推进新型研发机构提质增效，推进企业研发中心高质量发展，提升高水平研发机构体系能力。加快构建以龙头企业为核心，联合产业链上下游企业、高校与科研院所的创新联合体，完善产学研合作体系，深入实施中国科学院科技服务网络计划（STS）-东莞专项，推动产学研深度融合。

四是打造大湾区科技成果转化主阵地。推动建设一批中试验证和成果转化基地，支持战略性新兴产业基地创新发展，打造新技术应用与迭代升级的示范场景，发展壮大科技服务业，全力构建新兴产业培育全链条服务体系。着力推进数字技术赋能传统产业发展，打造传统产业数字化转型升级标杆项目。在松山湖高新区、滨海湾新区、水乡新城和银瓶合作创新区建设高质量创新集聚区。

五是强化企业创新主体地位。实施创新型企业梯队培育工程，强化企业技术创新主体地位，促进各类创新要素向企业集聚，完善创新型企业孵化育成体系，提升企业创新能级，构建百强企业-瞪羚企业-高新技术企业的创新型企业培育梯队。

（四）东莞先进制造业未来发展方向

一是巩固提升新一代电子信息、高端装备制造、食品饮料、纺织服装鞋帽等四大战略性支柱产业。新一代电子信息产业重点发展智能移动终端、5G及下一代通信技术、新一代人工智能、关键电子元器件、智能消费电子等领域。高端装备制造产业重点发展智能机器人、智能制造装备、高端数控机床、激光与增材制造、精密仪器设备等领域。食品饮料产业重点发展农副产品和食品饮料。纺织服装鞋帽产业重点发展品牌服装鞋帽、优质面辅料等领域。

二是抢抓布局软件与信息服务、新材料、新能源、生物医药及高端医疗器械、半导体及集成电路等五大战略性新兴产业。软件与信息服务产业重点发展工业互联网、云计算应用与服务、新型工业软件等领域。新材料产业重点发展先进基础材料、先进战略材料、前沿新材料等领域。新能源产业重点发展新能源汽车、高性能电池、新型能源、新能源装备等领域。生物医药及高端医疗器械产业重点发展生物药、化学药等生物医药以及智能康复医疗设备、健康医疗智能终端设备、医用机器人、高值医用耗材、体外诊断等高端医疗器械。半导体及集成电路产业重点发展第三代半导体、集成电路研发设计、封装测试、材料及关键元器件配套等领域。

三是提质发展家具制造、造纸及纸制品、玩具及文体用品制造、包装印刷等特色优势产业。家具制造业加快推进数字化转型，推行产品多样化、小规模、周期可控的柔性化生产模式。造纸及纸制品业大力推广循环经济新技术、新工艺的应用，持续提升造纸行业的绿色化发展水平，鼓励发展附加值更高的纸基功能材料。玩具及文体用品制造业鼓励企业向价值链高端环节延伸，推动玩具及文体用品与国产动漫 IP 进行联动。包装印刷业构建智能包装制造体系，推动传统包装印刷从商品美化和商品保护的基础功用，向包装信息与现代物联网进行数字识别关联转变。

四是加快发展工业设计、节能环保、科技服务、现代金融、现代物流、专业服务等生产性服务业，推动先进制造业和现代服务业深度融合，带动东莞制造业价值链整体提升。

第三节　珠三角九市科技创新和先进
制造业生态耦合评价

一　生态位适宜度模型

生态位是生态学中的重要概念，指一个生物在群落和生态系统中的位置和状况，而这种位置和状况取决于该生物的形态适应、生理反应和特有行为。[1] 随着生态位研究的不断深入，生态位理论的应用范围也从原来的生态学领域，逐渐拓展到其他领域。特别是自 Frosch 等学者提出"产业生态系统"概念以来，生态位理论开始大量应用在经济管理研究领域。[2] 本章节在李玉杰和刘志峰[3]、周青和王燕灵[4]、武翠和谭清美[5]等学者的相关

---

[1]　张光明、谢寿昌：《生态位概念演变与展望》，《生态学杂志》1997 年第 6 期。

[2]　李建春、袁文华、吴美玉、邱路：《城市文化产业生态位测度及空间网络效应》，《经济地理》2018 年第 8 期。

[3]　李玉杰、刘志峰：《基于生态位理论的产业集群竞争力研究》，《科技管理研究》2009 年第 8 期。

[4]　周青、王燕灵：《推动产业数字化发展的区域适宜度评价研究——基于浙江省 11 个设区市的实证》，《杭州电子科技大学学报》（社会科学版）2020 年第 3 期。

[5]　武翠、谭清美：《基于生态位适宜度的区域创新生态系统与产业协同集聚研究》，《科技管理研究》2021 年第 3 期。

研究成果基础上，以珠三角九市作为研究对象，选择与科技创新和先进制造业相关的区域影响因子（简称生态因子）建立 n 维超体积生态位模型。生态位模型中设有 m 个区域（珠三角 9 个地市），n 个生态因子，$X_{ij}(i=1,2,\cdots,m;j=1,2,\cdots,n)$ 代表第 i 个区域的第 j 个生态因子的实际生态位，不同区域生态因子构成一个 $m \times n$ 维的生态空间。

由于实际的指标数据在数量级和计量单位上的差别较大，所以采用离差法对指标数据进行标准化处理，消除不同量纲带来的影响，离差法计算公式如式（4-1）所示：

$$Z_{ij} = \frac{X_{ij} - \min X_{ij}}{\max X_{ij} - \min X_{ij}} \tag{4-1}$$

设 $Z_{\alpha j} = \max\{Z_{ij}\}$，表示第 j 个生态因子的最佳生态位，那么第 i 个区域的生态位适宜度计算公式如式（4-2）所示：

$$S_i = \sum_{j=1}^{n} \alpha_j \frac{\min|Z_{ij} - Z_{\alpha j}| + \varepsilon \max|Z_{ij} - Z_{\alpha j}|}{|Z_{ij} - Z_{\alpha j}| + \varepsilon \max|Z_{ij} - Z_{\alpha j}|} \tag{4-2}$$

其中，α_j 代表生态因子权重，反映第 j 个生态因子对区域适宜度的影响。$\varepsilon(0 \leqslant \varepsilon \leqslant 1)$ 是模型参数，一般情况下在 $S_i = 0.5$ 时进行估计。进行参数估计时，假设各生态因子权重相同，即 $\alpha_j = \frac{1}{n}(j=1,2,\cdots,n)$，则 $|Z_{ij} - Z_{\alpha j}| = \overline{|Z_{ij} - Z_{\alpha j}|}$，可以得出模型参数的计算公式：

$$\varepsilon = \frac{\overline{|Z_{ij} - Z_{\alpha j}|} - 2\min|Z_{ij} - Z_{\alpha j}|}{\max|Z_{ij} - Z_{\alpha j}|} \tag{4-3}$$

根据模型参数 ε 和生态因子权重 α_j 可计算得到各区域科技创新和先进制造业发展的生态位适宜度 S_i。

进化动量是评价生态位适宜度进化空间的变量，计算公式如式（4-4）所示：

$$EM_i = \sqrt{\frac{\sum_{i=1}^{m} |Z_{ij} - Z_{\alpha j}|}{n}} \qquad (4-4)$$

根据现有相关文献，生态位适宜度模型中生态因子权重计算大部分采用熵权法。因此，本书也采用熵权法计算生态因子权重。首先根据各指标变异程度计算出熵值，然后通过熵值计算指标权重，从而获得比较客观的权重比例。根据前文，有 m 个区域，n 个生态因子，则第 j 个生态因子的熵值计算公式如式（4-5）所示：

$$e_j = -\frac{1}{\ln m} \sum_{i=1}^{m} \frac{Z_{ij}}{\sum_{i=1}^{m} Z_{ij}} \ln \frac{Z_{ij}}{\sum_{i=1}^{m} Z_{ij}} \qquad (4-5)$$

其中，Z_{ij} 是由式（4-1）进行标准化后的 $m \times n$ 维指标数据，则第 j 个生态因子的权重计算公式如式（4-6）所示：

$$\alpha_j = \frac{1 - e_j}{n - \sum_{j=1}^{n} e_j} \qquad (4-6)$$

二 珠三角九市科技创新和先进制造业发展生态位适宜度评价

（一）指标体系设定

根据生态位理论，无论是自然还是社会中的生物单元都具有"态"和"势"两个方面的属性。"态"是指生物单元的状态，主要包括自身发展和环境相互作用两方面；"势"是指生物单元对环境的现实影响力。从科技创新和先进制造业的发展关系上看，科技创新是先进制造业的基础，科技创新为先进制造业赋能，并通过与制造业的深度融合，为先进制造业提供新技术、新工艺、新方法、新领域、新产品，科技创新水平越高，先进制造业发展越好。因此，可以将科技创新看作先进制造业的"势"。

同时，由于科技创新的引领和支撑，不断促进先进制造业发展，具体反映在先进制造业的规模、结构、速度、效益等各个方面，可将制造业特别是先进制造业的规模、结构、速度、效益等指标定义为先进制造业发展的"态"。

根据现有研究成果及相关城市"十四五"规划提出的有关指标，珠三角九市科技创新和先进制造业发展生态位适宜度评价指标体系，"势"的层面选择科技创新投入、科技创新产出作为测度指标。其中，科技创新投入指标包括研发投入强度、财政科技投入占比、研发人员全时当量三个指标，分别代表资金投入强度、财政支持力度以及研发人员投入强度；科技创新产出指标包括国家级高新技术企业数、技术合同成交金额、万人发明专利拥有量、PCT专利申请量等四个指标，国家级高新技术企业数表示创新主体培育成效，技术合同成交金额表示科技成果转移转化成效，万人发明专利拥有量和PCT专利申请量表示国内、国际专利整体水平。"态"的层面选择先进制造业总体规模、结构速度、效益指标等作为测度指标。其中，总体规模指标包括规上工业企业数量、规上工业增加值、先进制造业增加值三个指标，反映珠三角主要城市制造业发展整体水平以及先进制造业发展整体水平；结构速度指标包括先进制造业增加值占规上工业增加值比重、先进制造业增加值增速；效益指标包括国家级专精特新"小巨人"企业数量、国家级先进制造业集群数量、先进制造业单项冠军企业数量。先进制造业单项冠军企业数量和质量是衡量区域先进制造业发展水平的重要指标，截至2023年5月，工信部在全国范围内已遴选七批次制造业单项冠军企业，共计1187家；① 引导中小企业走专精特新发展道路是壮大实体经济的重要举措，目前我国已培育约9000家专精特新"小巨人"企业；② 2019年，工信部启动先进制造业集群发展专项行动，截至2022年11月，

---

① 郭倩、杨乐雯：《国家级"单项冠军"企业超一千一百家》，《经济参考报》2023年5月25日。

② 王政：《我国培育专精特新"小巨人"企业约9000家》，《人民日报》2022年9月4日。

已有 45 个先进制造业集群入选"国家队",[①] 代表国家参与全球产业竞争。珠三角九市科技创新和先进制造业发展生态位适宜度评价指标体系如表 4-1 所示。

表 4-1　珠三角九市科技创新和先进制造业发展生态位适宜度评价指标体系

测度目标	测度要素	测度指标	评价指标
科技创新和先进制造业发展生态位适宜度	科技创新	科技创新投入	研发投入强度
			财政科技投入占比
			研发人员全时当量
		科技创新产出	国家级高新技术企业数
			技术合同成交金额
			万人发明专利拥有量
			PCT 专利申请量
	先进制造业	总体规模	规上工业企业数量
			规上工业增加值
			先进制造业增加值
		结构速度	先进制造业增加值占规上工业增加值比重
			先进制造业增加值增速
		效益指标	国家级专精特新"小巨人"企业数量
			国家级先进制造业集群数量
			先进制造业单项冠军企业数量

资料来源:笔者制作。

(二) 评价对象及数据来源

选择珠三角广州市、深圳市、珠海市、佛山市、东莞市、中山市、肇庆市、惠州市、江门市等 9 个城市作为评价对象,研究数据来源于各地市 2022 年统计年鉴、各地市 2022 年国民经济和社会发展统计公报、各地市

[①] 《中国 45 个国家级先进制造集群去年主导产业产值达 19 万亿元》,中国新闻网,http://www.chinanews.com.cn/cj/2022/11-30/9905932.shtml。

2023 年政府工作报告等资料。结合指标体系，收集整理基础数据，通过生态位模型测算珠三角九市科技创新和先进制造业发展生态位适宜度，并测算进化动量。

（三）评价与统计分析

珠三角九市 15 个评价指标原始数据按照公式（4-1）进行标准化处理，得到各地市科技创新和先进制造业发展生态位适宜度评价指标标准化值，如表 4-2 所示。

表 4-2　珠三角九市科技创新和先进制造业发展生态位适宜度评价指标标准化值及其权重

指标	广州	佛山	肇庆	深圳	东莞	惠州	珠海	中山	江门	权重
Z_{i1}	0.4589	0.3904	0	1	0.66	0.52	0.416	0.265	0.333	0.023
Z_{i2}	0.5803	1	0	0.834	0.143	0.119	0.525	0.393	0.155	0.0396
Z_{i3}	0.2275	0.2179	0	1	0.45	0.175	0.05	0.055	0.07	0.0645
Z_{i4}	0.5109	0.2968	0	1	0.31	0.049	0.049	0.059	0.054	0.0706
Z_{i5}	1	0.0065	0	0.674	0.023	0.002	0.035	0.005	0.001	0.1438
Z_{i6}	0.4063	0.2811	0	1	0.372	0.102	0.851	0.157	0.032	0.0517
Z_{i7}	0.1077	0.0517	0	1	0.252	0.025	0.027	0.008	0.004	0.1228
Z_{i8}	0.4586	0.6842	0	0.978	0.21	0.018	0.275	0.126	0.0912
Z_{i9}	0.4377	0.4867	0	1	0.46	0.151	0.059	0.062	0.045	0.0299
Z_{i10}	0.3762	0.3257	0	1	0.336	0.159	0.066	0.054	0.029	0.074
Z_{i11}	0.7286	0.4457	0	1	0.511	0.871	0.666	0.417	0.2	0.0499
Z_{i12}	0.3041	0.3733	1	0.106	0	0.645	0.369	0.498	0.747	0.0927
Z_{i13}	0.2665	0.0934	0	1	0.1662	0.068	0.062	0.027	0.02	0.0594
Z_{i14}	0.75	0.75	0	1	0.75	0.25	0	0	0	0.0236
Z_{i15}	0.3485	0.2424	0	1	0.06	0.015	0.136	0.06	0	0.0633

根据标准化结果，运用公式（4-3）计算模型参数，可得 $\varepsilon = 0.6775$。根据公式（4-5）计算各生态因子的熵值，并通过熵值计算各生态因子的权重（见表 4-2）。利用计算得到的模型参数和生态因子权重，通过公式（4-2）和公式（4-4），分别计算得出珠三角九市科技创新和先进制造业

发展生态位适宜度以及进化动量（见表4-3）。

表4-3　珠三角九市科技创新和先进制造业发展生态位适宜度及进化动量

城市	生态位适宜度	排名	进化动量	排名
广州	0.597682	2	0.732038	8
佛山	0.515289	4	0.789692	7
肇庆	0.459144	7	0.966092	1
深圳	0.892758	1	0.303974	9
东莞	0.526607	3	0.797028	6
惠州	0.473004	5	0.880871	5
珠海	0.468507	6	0.882081	4
中山	0.447505	8	0.918876	3
江门	0.447379	9	0.937514	2

在对珠三角九市科技创新和先进制造业发展生态位适宜度进行评价的基础上，运用耦合协调度模型，测算2021年珠三角九市科技创新和先进制造业的耦合协调度。利用表4-2的标准化数据，计算珠三角九市科技创新和先进制造业的耦合协调度，结果如表4-4所示。

表4-4　珠三角九市科技创新和先进制造业耦合协调情况

城市	耦合度 C 值	协调指数 T 值	耦合协调度 D 值	协调等级	耦合协调程度
广州	0.890	0.465	0.643	7	初级协调
佛山	0.706	0.379	0.517	6	勉强协调
肇庆	0.180	0.075	0.117	2	严重失调
深圳	0.917	0.899	0.908	10	优质协调
东莞	0.631	0.368	0.482	5	濒临失调
惠州	0.563	0.230	0.360	4	轻度失调
珠海	0.479	0.227	0.330	4	轻度失调
中山	0.538	0.163	0.296	3	中度失调
江门	0.444	0.129	0.239	3	中度失调

（四）实证结果分析

一是珠三角九市科技创新和先进制造业发展区域差距较大。由表4-3

可知，在珠三角九市中，深圳市科技创新和先进制造业发展生态位适宜度测算值已达 0.893，远高于其他 8 个地市，在珠三角九市中具有明显领先优势。这说明深圳市的相关政策、环境等要素比较有利于科技创新和先进制造业发展，且其科技创新和先进制造业发展成效显著。广州市、东莞市、佛山市的生态位适宜度均大于 0.5，处于珠三角九市的第 2 集团，但是广州市生态适宜度为 0.598，接近 0.6，而东莞市和佛山市生态适宜度分别为 0.527 和 0.515，与广州市还有一定差距。惠州市、珠海市、肇庆市等 3 个地市的生态位适宜度分别为 0.473、0.469 和 0.459，均大于 0.45，处于第三集团，3 个地市整体发展水平相当。中山市和江门市 2 个地市的生态位适宜度接近，分别为 0.448 和 0.447，在推动科技创新和先进制造业发展上还有较大改善空间。

二是珠三角九市科技创新和先进制造业发展生态位适宜度整体提升空间较大。从表 4-3 的进化动量测算值上看，深圳市的进化动量最低，约为 0.304，这也反映出深圳市科技创新和先进制造业整体水平较高。肇庆市、中山市和江门市的进化动量均大于 0.9，惠州市和珠海市的进化动量也在 0.88 左右，佛山市和东莞市进化动量分别为 0.790 和 0.797，广州市的进化动量为 0.732，这 8 个地市的进化动量均值为 0.863，说明这 8 个地市的科技创新和先进制造业整体还有很大的提升和改善空间。

三是东莞在科技创新和先进制造业领域争先进位竞争激烈。从珠三角九市科技创新和先进制造业发展生态位适宜度的比较上看，虽然目前东莞排在第三位，但是东莞正面临标兵已远、追兵更近的局面。珠三角九市中排名第一的深圳市（0.893）远远高于东莞市（0.527）。排名第二的广州市（0.598）比东莞市高 0.071，且广州市科技创新基础雄厚，特别是在基础研究和应用基础研究方面处于全国领先地位，同时近年来广州市先进制造业发展势头迅猛，东莞追赶广州有一定难度。排第四位的佛山，生态位适宜度与东莞仅相差 0.011，两个城市科技创新和先进制造业发展水平基本相当；从进化动量指标上看，东莞比佛山高 0.007，两个城市也基本上处于同一水平。可以说，两个城市今后的竞争非常激烈。排在第五位的惠州，生态位适宜度为 0.473，与东莞差距不大，惠州追赶东莞的形势已成定局。

三　东莞在珠三角九市科技创新和先进制造业领域争先进位的思路建议

一是强化基础研究，前瞻布局未来产业，抢占发展先机。目前，珠三角九市中广州、深圳、惠州等城市均明确提出了要大力发展 6G 通信网络、量子科技、区块链、太赫兹、深海深空关键技术、电解水制氢及固态储氢、天然气水合物、纳米科技等未来产业及相关产业技术，抢占新一轮科技革命和产业变革中的制高点。东莞应充分发挥散裂中子源大科学装置的作用，加快推动散裂中子源二期、先进阿秒激光装置、南方先进光源等大科学装置建设进度，依托大科学装置，聚焦全球科技产业前沿，在物质科学和以物质科学为基础的交叉科学领域加大基础研究和应用研究力度，产出一批具有世界影响力的原创性科研成果与高水平技术发明，力争在全球新一轮科技产业发展浪潮中占得先机。

二是加强载体建设，加紧重点领域谋篇布局，打造高水平实验室体系。国家实验室是国家战略科技力量的重要组成部分，《国民经济和社会发展第十四个五年规划和 2035 年远景目标纲要》提出了"以国家战略性需求为导向推进创新体系优化组合，加快构建以国家实验室为引领的战略科技力量"的目标要求，国内各省市纷纷依托相关高校院所、企业，建设省级实验室，掀起了打造国家实验室预备队的浪潮。截至 2022 年 5 月，广东省已启动三批省实验室建设，共布局 10 家省实验室。①"十四五"期间，珠三角各城市也都根据自身条件提出了国家、省实验室的布局和建设构想，可以说在珠三角范围内实验室建设领域竞争非常激烈。东莞松山湖材

---

① 《广东布局建设 10 家省实验室》，《南方日报》2022 年 5 月 22 日。

料实验室是广东省首批建设的省实验室之一，要高标准建设松山湖材料实验室，积极探索科技成果向产业转化的有效路径，全力推动松山湖材料实验室创建国家重点实验室。同时，东莞还要进一步加大与大湾区城市的科技合作力度，推动粤港澳中子散射科学技术联合实验室建设。支持国家实验室等国家级科研平台在东莞建设分中心或基地，积极推动广东省高水平科研机构在东莞落地，全力打造高水平高质量实验室体系，引领支撑东莞科技产业高质量发展。

三是开展技术攻关，推进产业基础高级化，不断增强产业链供应链安全性稳定性。产业基础是产业形成和发展的基本支撑。制造业产业基础就是制造业的底层核心要素，主要包括基础零部件和元器件、基础制造工艺及设备、基础材料、产业技术基础以及工业基础软件等。产业基础高级化是产业基础能力强大、结构合理和质量巩固提升的统一，对产业链供应链的安全性稳定性具有决定性的影响。从珠三角九市的情况看，九市都将推进产业基础高级化作为未来科技产业发展的重点内容。推进产业基础高级化对东莞有特别重要的意义，目前东莞电子信息制造业"一业独大"的局面尚未发生根本性改变，新能源、新材料、生物医药等新兴产业起步较晚贡献较小，电子信息制造业、高端装备制造业核心关键技术"受制于人"，制造业整体还处在价值链中低端。东莞制造业存在的这些短板，都需要依靠产业基础高级化加以解决。东莞要大力实施产业基础再造工程，加大制造业基础零部件、关键材料、工业软件等领域关键核心技术研发力度，加大重点领域检验检测平台的建设力度，加快发展自动控制与感知、核心软硬件、工业云与智能服务平台、工业互联网等制造业新基础。要深入实施"链长制"，围绕重点产业链关键环节开展精准招商，不断补链强链拓链。

四是强化数字赋能，大力发展数字经济，推动数字经济与实体经济融合发展。当前，数字经济已经成为全球经济发展的大趋势，全球范围内主要国家均将数字化作为优先发展的方向，抢占未来产业发展的高地。党的二十大报告指出，要加快发展数字经济，促进数字经济和实体经济深度融合,打造具有国际竞争力的数字产业集群。从珠三角九市的情况看,各地市都将发展数字经济作为推动制造业高质量发展的重要举措,通过强化政策引领、优化资源配置、推动产业融合等方式,加快推动产业数字化和数字产业化。东莞要加快工业企业数字化转型步伐,特别是要推动中小企业数字化转型,不断提升企业数字技术应用、软件应用、数据管理等数字化能力。高标准建设数字化赋能中心,深化行业赋能平台建设和应用,培育壮大数字化转型服务商,不断提升数字化转型服务能力。要结合东莞产业转型发展需要和企业信息化发展实际,"量身"制定差异化的转型任务清单以及相匹配的智能化改造方案,依托东莞数字经济产业基地、东部高端智能制造产业基地等载体,试点建设智能制造示范工厂,争建全球"灯塔工厂"。要依托银瓶高端装备产业基地、松山湖高新区国际机器人产业基地,聚焦智能机器人、高端数控机床、激光与增材制造等重点领域,大力发展智能装备产业。

第五章　"双万"城市科技创新和先进制造业发展比较研究

"双万"城市是指 GDP 超过万亿、常住人口超过千万的城市，是衡量一个城市综合承载力和竞争力的重要指标。2022 年，东莞成为我国第 15 个"双万"城市，目前我国 15 个"双万"城市分别是上海、北京、深圳、广州、重庆、苏州、成都、杭州、武汉、天津、郑州、西安、青岛、长沙、东莞。成为"双万"城市对东莞发展具有里程碑式的意义，东莞应加强对国内先进"双万"城市的学习借鉴，聚焦"科技创新+先进制造"的城市特色，肩负起作为"双万"城市参与国际竞争的重任。

第一节　东莞成为"双万"城市的意义

一　成为"双万"城市意味着东莞经济发展水平和综合实力跃上新的台阶

从经济学的角度看，经济发展是一个经济体从低收入水平向高收入水平迈进、经济结构持续优化升级、综合竞争力不断提升的过程。东莞成为"双万"城市,表面上反映在经济总量的跃升、人口规模的增长上,更深层次上则体现出东莞已具备了支撑经济高质量发展的现代产业体系、具备了不断激发市场活力的良好营商环境、具备了宜居宜业的生活环境和优良的城市治理能力,充分体现了"双万"城市的综合实力和竞争力。

二 成为"双万"城市意味着东莞经济发展具有较强的韧性和巨大的潜力

当前,我国已进入新发展阶段,内部和外部发展环境面临复杂深刻变化。近年来,在新冠疫情全球蔓延、中美经贸摩擦深入演变、支柱产业和重点企业持续承压等严重冲击的情况下,东莞坚决贯彻新发展理念,始终坚持疫情防控与经济社会发展"双统筹",坚决落实"疫情要防住""经济要稳住""发展要安全"重要指示要求,全力做好顶层谋划,着力加强资源统筹,不断强化经济运行监测调度,相继出台实施"助企撑企15条""助企复工10条""优化服务15条""加快复苏16条""纾困27条""保链12条""稳岗惠企便民10条"等政策,全力推动产业振兴和经济复苏,以超常规力度稳住经济大盘,奋力夺取了疫情防控和经济社会发展"双胜利",成功跻身"双万"城市,更加凸显了东莞经济发展的强劲韧性和巨大潜力。

三 成为"双万"城市意味着东莞高质量发展将有更大空间和更强劲动力

从经济发展的一般规律看,一个城市的经济总量突破万亿元后,城市经济能级将提升至一个新的水平,从而增强对人口、资源的吸附能力,加速各种生产要素的集聚,进一步发挥规模经济优势,促进经济增长动力的培育,形成累积循环的"正反馈"效应。同时,人口数量增长与一地社会经济发展水平成正比，人口超千万意味着一个城市未来发展有了坚实的人才基础，有利于市场的拓展和分工的深化，能够促进产业链上下游的联动发展和产业集群的形成，促进各产业之间的分工与协作，为创新创业提供更加宽广的空间，为城市经济发展培育新动能。

四 成为"双万"城市意味着东莞成为贯彻新发展理念、构建新发展格局的排头兵

"双万"城市的头衔赋予了东莞承担更大责任的基本条件和底气。"双万"城市不仅是拉动我国经济增长的主要力量，而且有能力在推动创新发展、协调发展、绿色低碳转型、开放发展和共同富裕方面发挥引领示范作用，并利用自身在发展市场经济、深化改革开放中探索出的制度创新思路、重要改革举措，借助发展优势，助力打通生产、分配、流通、消费各环节堵点，推动国内国际双循环相互促进，为实现高水平自立自强、高水平对外开放做出更大贡献。

站在"双万"城市新赛道上，东莞高质量发展的要求变得更高，在城市争先进位的竞争中面临的对手更强，广东省赋予的使命任务也更加艰巨。东莞应清醒认识到，目前发展面临的外部不确定性仍然较多，例如，需求收缩、供给冲击、预期转弱三重压力仍然较大；产业结构相对单一，创新能级有待提升，新动能亟须培育壮大；生态环境约束趋紧，绿色发展、低碳发展、集约发展任重道远；等等。为此，东莞只有坚持以科技创新为引领，加快培育新兴产业，提升核心竞争力，推动经济发展质量变革、效率变革、动力变革，加快构建现代产业体系，才能在新征程中展现更大作为、成就更好发展；只有坚持科技创新和先进制造业深度融合，不断培育壮大新动能，才能在新征程中争先进位、走在前列；只有坚守制造业发展的底色和优势，加强与大湾区城市群的创新协同、产业合作和互融互通，才能在新征程中加快融入新发展格局。

第二节 东莞与其他"双万"城市科技创新和先进制造业发展水平比较

一 "双万"城市科技创新和先进制造业总体发展水平

我国"双万"城市整体科技创新和先进制造业发展水平较高。在科技创新方面,根据科技部和中国科学技术信息研究所发布的《国家创新型城市创新能力监测报告 2022》和《国家创新型城市创新能力评价报告2022》,15 个"双万"城市创新能力排名基本处于全国前列,只有东莞(排名 23)、郑州(排名 24)和重庆(排名 38)等 3 个城市与其他"双万"城市差距较大。在先进制造业方面,根据赛迪顾问智能装备产业研究中心发布的《先进制造业百强市(2022)研究报告》(100 强城市名单未计入四大直辖市,因此评价排名未包含北京、上海、天津、重庆四座城市),"双万"城市中除东莞(排名 22)、郑州(排名 18)外,其他城市先进制造业整体发展水平均处于全国前列,具体排名如表5-1所示。

表 5-1 2022 年"双万"城市在全国创新能力百强市及先进制造业百强市中排名

城市	创新能力指数	创新能力百强市排名	先进制造业百强市排名
北京	98.14	1	—
上海	87.89	2	—
深圳	80.10	3	1
杭州	78.30	5	5
广州	75.66	6	3
武汉	74.92	7	10
西安	72.40	8	12
苏州	72.00	9	2

城市	创新能力指数	创新能力百强市排名	先进制造业百强市排名
长沙	71.70	10	8
天津	69.34	12	—
青岛	67.24	13	7
成都	67.01	14	9
东莞	61.22	23	22
郑州	61.20	24	18
重庆	57.07	38	—

资料来源：根据全国城市创新能力百强榜及先进制造业百强城市名单整理。

根据上述评价结果可知，国内 15 个"双万"城市在科技产业方面具有以下几个特征：具有全球化的科技和产业资源集聚、配置和管理能力，能吸引全球高端创新要素和人才；制造业发展水平高，科技创新能力强，能培育出有全球影响力的制造业龙头企业和创新创业机构；有良好的创新创业环境、开放包容的社会文化以及良好的营商环境；能持续累积和充分发挥先发优势，率先实现产业转型发展，促进新兴产业涌现和壮大；能对周边区域起到重要的辐射带动作用，在全球产业链和创新链中扮演关键节点和枢纽角色，代表国家参与全球科技创新竞争与合作。

二 "双万"城市科技创新和先进制造业比较指标选取

目前，国内学术界对科技创新和制造业发展的评价已经比较成熟，评价指标的选择相对比较稳定，所以本书在"双万"城市科技创新和先进制造业的比较指标选择上，参照经济合作与发展组织的《OECD 科学、技术和工业记分牌》、赛迪顾问智能装备产业研究中心的中国先进制造业百强城市评价、中国先进制造百强园区相关评价以及国内外专家学者制定的科技创新和先进制造业相关评价指标体系中有代表性的指标，并结合具体指标数据的可得性、可比性综合考虑比较指标的选择。总体比较框架围绕城市发展基础、科技创新投入、科技创新成果、制造业水平、先进制造业发展水平和科技产业融合发展水平等六个部分展开。

（一）城市发展基础指标

选择"双万"城市最突出的常住人口数量、地区生产总值、人均地区生产总值等指标进行比较。同时，考虑到人口素质也是影响科技创新和先进制造业发展的关键指标，在这部分比较中，将十万人口大学以上学历人数占比这一指标也纳入比较范围。

（二）科技创新投入指标

以创新投入中的经费投入为主要比较内容，从全社会研发经费投入、规上工业企业研发经费投入以及财政科技支出等三个方面进行比较。具体采用全社会研发经费投入总量、全社会研发经费投入强度、规上工业企业研发经费支出、规上工业企业研发经费支出占主营业务收入比重、财政科技支出、财政科技支出占一般公共预算支出比重等指标进行比较。

（三）科技创新成果指标

重点围绕创新型企业培育、科技成果转移转化以及知识产权发展等几个方面进行比较。其中，创新型企业培育主要选择国家级高新技术企业数、科创板上市企业数量等指标进行比较；科技成果转移转化选择技术合同成交金额、技术合同成交金额占地区生产总值比重两个指标进行衡量；知识产权发展方面选择万人发明专利拥有量和PCT国际专利申请量等指标进行衡量。

（四）制造业水平指标

主要围绕制造业规模、结构和效益等重点指标进行比较。依据相关统计数据的可得性和可比性，主要选取规上工业企业数量、全部工业增加值等指标作为制造业规模比较指标；选择全部工业增加值占地区生产总值比重作为制造业结构比较指标；选择规上工业企业利润总额、规上工业企业主营业务收入作为制造业效益比较指标。

（五）先进制造业发展水平指标

由于大部分城市没有先进制造业相关指标的统计数据，所以根据工信部推动先进制造业发展的主要目标任务确定比较指标，主要选择国家级专精特新"小巨人"企业数量、国家级先进制造业集群数量、国家级制造业创新中心数量、国家级制造业单项冠军企业数量等指标来比较。

（六）科技产业融合发展水平指标

围绕工业企业开展研发活动情况、工业企业研发活动成果、制造业转型升级情况等几个方面进行比较，主要选择规上工业企业有研发活动企业数占规上工业企业数量的比重、规上工业企业新产品销售收入占主营业务收入比重以及高技术制造业占规上工业比重等指标进行比较。

"双万"城市科技创新和先进制造业比较指标体系如表5-2所示。

表5-2 "双万"城市科技创新和先进制造业比较指标体系

项目	序号	指标	东莞排名
城市发展基础	1	常住人口数量	13
	2	地区生产总值	14
	3	人均地区生产总值	11
	4	十万人口大学以上学历人数占比	15
科技创新投入	5	全社会研发经费投入总量	12
	6	全社会研发经费投入强度	5
	7	规上工业企业研发经费支出	4
	8	规上工业企业研发经费支出占主营业务收入比重	7
	9	财政科技支出	15
	10	财政科技支出占一般公共预算支出比重	12

项目	序号	指标	东莞排名
科技创新成果	11	国家级高新技术企业数	10
	12	科创板上市企业数量	8
	13	技术合同成交金额	15
	14	技术合同成交金额占地区生产总值比重	15
	15	万人发明专利拥有量	10
	16	PCT国际专利申请量	4
制造业水平	17	规上工业企业数量	2
	18	全部工业增加值	6
	19	全部工业增加值占地区生产总值比重	1
	20	规上工业企业利润总额	9
	21	规上工业企业主营业务收入	6
先进制造业发展水平	22	国家级专精特新"小巨人"企业数量	15
	23	国家级先进制造业集群数量	2
	24	国家级制造业创新中心数量	4
	25	国家级制造业单项冠军企业数量	15
科技产业融合发展水平	26	规上工业企业有研发活动企业数占规上工业企业数量比重	7
	27	规上工业企业新产品销售收入占主营业务收入比重	3
	28	高技术制造业占规上工业比重	3

三 东莞与国内主要"双万"城市的比较

以北京、上海、广州、深圳、重庆、苏州、成都、杭州、武汉、天津、郑州、西安、青岛、长沙、东莞等15个"双万"城市作为样本，对各城市2021年的指标数据进行比较，找出东莞与其他"双万"城市在科技创新和先进制造业发展方面存在的差距，以便为东莞建设科创制造强市找准突破方向。

（一）城市发展基础比较

大量研究证明，城市经济发展水平越高，其科技创新和制造业发展水平就越高，强大的经济基础为科技创新体系和制造业体系提供了坚实的物质基础，创新能力提升为制造业转型升级提供了技术支持，制造业发展又可以促进城市经济发展和科技创新水平提高，三者之间存在相辅相成的互动关系。从15个"双万"城市经济发展水平上看，2021年地区生产总值最高的为上海、最低的为西安，上海和北京的地区生产总值已经超过4万亿元，深圳超过3万亿元，广州、重庆和苏州超过2万亿元，成都、杭州、武汉、天津、郑州、西安、青岛、长沙和东莞的地区生产总值在1万亿元至2万亿元之间。2021年，15个"双万"城市人均地区生产总值最高的是北京、最低的为西安，北京人均地区生产总值超过18万元，苏州、深圳、上海人均地区生产总值超过17万元，杭州、广州超过15万元，武汉超过14万元，青岛、长沙超过13万元，天津超过11万元，东莞、郑州超过10万元，重庆、成都和西安尚未达到10万元。因此，从地区生产总值和人均地区生产总值指标上看，东莞分别排在15个"双万"城市的第14位和第11位，与其他先进"双万"城市相比还有一定差距，需进一步提升经济总量和发展质量。

从人口规模上看，城市人口规模和素质与城市创新发展之间也存在正相关关系，城市大规模和高素质人口可以发挥集聚经济优势和人力资本外部性优势，城市人口规模扩大产生的正外部性能够显著促进城市的科技创新发展。根据2021年《第七次全国人口普查公报》测算，虽然东莞常住人口数量超过千万，但东莞人口素质与其他"双万"城市存在一定差距，十万人口大学以上学历人数占比，排名前三的城市是北京（42.0%）、上海（33.9%）和武汉（33.9%），而东莞只有13.2%，东莞需要在提升人口素质上下大力气，有效支撑科创制造型城市建设。具体指标数据如表5-3所示。

表 5-3 东莞与其他"双万"城市发展基础对比

城市	常住人口数量 （万人）	十万人口大学以上学历 人数占比（%）	地区生产总值 （亿元）	人均地区生产总值 （元）
北京	2189	42.0	40269.60	183963
上海	2488	33.9	43214.85	173693
深圳	1763	28.8	30664.85	173936
广州	1874	27.3	28231.97	150651
重庆	3209	15.4	27894.02	86924
苏州	1275	22.5	22718.34	178183
成都	2095	25.6	19916.98	95069
杭州	1197	29.3	18109.42	151290
武汉	1233	33.9	17716.96	143689
天津	1387	26.9	15695.05	113159
郑州	1262	29.0	12691.02	100563
西安	1296	31.0	10688.28	82471
青岛	1011	22.6	14136.46	139827
长沙	1006	27.5	13270.70	131916
东莞	1048	13.2	10855.35	103582

资料来源：相关城市 2022 年统计年鉴；十万人口大学以上学历人数占比数据根据 2021 年第七次全国人口普查数据整理。

（二）科技创新投入比较

目前，虽然东莞全社会研发经费投入总量和研发经费投入强度已处于广东省前列，但是在全社会研发经费投入总量、全社会研发经费投入强度、财政科技支出和财政科技支出占一般公共预算支出比重等方面与其他"双万"城市相比差距较大。全社会研发经费投入总量是用于研发活动的支出，体现对科技创新活动的重视程度和支持力度。全社会研发经费投入强度则是研发经费支出与地区生产总值之比，是反映一个地区创新能力的基础性、战略性、关键性指标。2021 年，东莞全社会研发经费投入强度在 15 个"双万"城市中排名第 5，仅次于北京（6.53%）、深圳（5.49%）、西安（5.18%）和上海（4.21%）。但是，2021 年东莞全社会研发经费投入总量仅为 434.5 亿元，排在 14 个"双万"城市（青岛数据未掌握）的第 12 位。而同期北京、上海、深圳等先进城市中，北京为 2629.3 亿元、上海为 1819.8 亿元、深圳为 1682.2 亿元。与东莞经济结构相似的苏州，2021 年全社会研发经费投入总量也已达 888.7 亿元，远远高于东莞。

在企业研发投入方面，企业是科技创新主体，也是研发投入主体，当前我国企业研发投入已超过全社会研发投入的 3/4。在缺少成都和长沙 2021 年规上工业企业研发经费支出数据的情况下，其他 13 个"双万"城市中，东莞规上工业企业研发经费支出（405.61 亿元）排在第 4 位，低于深圳（1260.66 亿元）、苏州（776.46 亿元）和上海（698.33 亿元）。但是应该注意到，"双万"城市中除了深圳、苏州外，其他城市规上工业企业数量都远远少于东莞，很多城市规上工业企业数量不及东莞一半，甚至仅为东莞的 13.5%，如西安。从相对指标上看，东莞规上工业企业研发经费支出占主营业务收入比重为 1.64%，在 13 个"双万"城市中排名第 7，而深圳这一指标已达到 3.05%，西安也达到 2.76%。

财政科技支出是指政府及其相关部门为支持科技活动而进行的经费支出，一般来说是指国家财政预算内安排的科研支出。2021 年，东莞财政科技支出仅为 32.83 亿元，排在 15 个"双万"城市最后，与同期北京（449.45 亿元）、上海（422.70 亿元）、深圳（382.25 亿元）等先进城市相比差距较大；财政科技支出占一般公共预算支出比重东莞（3.72%）排在第 12 位，与苏州（9.17%）、武汉（8.58%）、深圳（8.36%）等城市相比差距比较明显。特别是，2021 年在"双万"城市中，苏州、武汉的财政科技支出占一般公共预算支出比重已经超过了深圳。具体指标数据如表 5-4 所示。

表 5-4　东莞与其他"双万"城市科技创新投入比较

单位：亿元,%

城市	全社会研发经费投入总量	全社会研发经费投入强度	规上工业企业研发经费支出	规上工业企业研发经费支出占主营业务收入比重	财政科技支出	财政科技支出占一般公共预算支出比重
北京	2629.3	6.53	313.51	1.12	449.45	6.24
上海	1819.8	4.21	698.33	1.58	422.70	5.01
深圳	1682.2	5.49	1260.66	3.05	382.25	8.36
广州	881.7	3.12	377.89	1.62	201.25	6.66
重庆	603.8	2.16	372.56	1.35	92.64	1.91
苏州	888.7	3.91	776.46	1.77	236.87	9.17
成都	631.9	3.17	—	—	99.40	4.44
杭州	667.0	3.68	342.39	1.78	179.67	7.51
武汉	621.9	3.51	249.13	1.66	190.22	8.58
天津	574.3	3.66	228.77	1.01	103.97	3.30
郑州	310.4	2.45	165.93	1.32	84.09	5.18
西安	553.7	5.18	217.77	2.76	57.35	3.89
青岛	—	2.40	230.05	1.99	51.33	3.01
长沙	367.1	2.77	—	—	68.79	4.46
东莞	434.5	4.00	405.61	1.64	32.83	3.72

资料来源：相关城市 2022 年统计年鉴。

（三）科技创新成果比较

科技创新成果主要从创新型企业培育、科技成果转移转化、知识产权发展等几个方面进行比较。在创新型企业培育方面，选择国家级高新技术企业数、科创板上市企业数量两个指标进行衡量；在科技成果转移转化方面，选择技术合同成交金额、技术合同成交金额占地区生产总值比重两个指标进行衡量；在知识产权发展方面，选择万人发明专利拥有量和 PCT 国际专利申请量等指标进行衡量。

企业是科技创新主体，国家级高新技术企业是对企业创新能力的认定，高新技术企业已成为支撑区域高质量发展的主力军、排头兵，是反映区域创新能力的重要标准之一。从"双万"城市拥有国家级高新技术企业数量上看，截至 2021 年底，北京（27600 家）、上海（20035 家）、深圳（21335 家）等三个城市已超过 2 万家，处于"双万"城市领先地位。东莞（7374 家）国家级高新技术企业数虽然在广东省处于前列，但是在"双万"城市中处于第 10 位，与先进城市相比差距较大。

科创板是独立于主板市场的板块，在板块内进行注册制试点，重点支持新一代信息技术、高端装备、新材料、新能源、节能环保以及生物医药等高新技术产业和战略性新兴产业。科创板上市企业数量是衡量一个城市创新能力和未来发展潜力的重要指标。截至 2021 年底，拥有科创板上市企业数量最多的城市是上海（65 家），北京（58 家）排名第二，东莞（9家）则排在"双万"城市中第 8 位，说明东莞资本市场支持科技创新已取得一定成效。

技术合同成交金额是技术开发、技术转让、技术咨询和技术服务类合同的成交额，它是反映科技成果转化的重要指标。从技术合同成交金额上看，东莞（62.36 亿元）与其他"双万"城市相比差距较大，这个指标排名第一的北京已超过 7000 亿元，就连排在第 14 位的郑州也约为东莞的5 倍。

进一步从技术合同成交金额占地区生产总值比重上看，北京占比最高，为 17.40%，遥遥领先于其他"双万"城市，而东莞仅为 0.57%，与其他"双万"城市相比差距明显。这也说明，相比其他"双万"城市，东莞科技成果转移转化是一个明显短板。

万人发明专利拥有量是指每万人拥有经国内外知识产权行政部门授权且在有效期内的发明专利件数，是衡量一个国家或地区科研产出质量和市场应用水平的综合指标。从万人发明专利拥有量上看，2021 年北京（185.1 件）和深圳（112.8 件）已经超过 100 件，东莞（46.1 件）位列"双万"城市第 10。虽然近年来东莞专利申请授权数量逐年攀升，但是在具有较高技术价值的发明专利方面,东莞科研产出质量和市场应用水平相比其他"双万"城市还有一定差距。

PCT国际专利申请量是反映一个地区科技创新水平和科技成果国际影响力的指标之一。2021年,深圳PCT国际专利申请量达到17443件,居全国"双万"城市首位,北京也超过了1万件,东莞为4408件。这一指标东莞排在有数据的13个"双万"城市第四位,说明东莞科技产业创新在国际上具有一定影响力和竞争力。具体指标数据如表5-5所示。

表5-5 东莞与其他"双万"城市科技创新成果对比

城市	国家级高新技术企业数(家)	科创板上市企业数量(家)	技术合同成交金额(亿元)	技术合同成交金额占地区生产总值比重(%)	万人发明专利拥有量(件)	PCT国际专利申请量(件)
北京	27600	58	7005.70	17.40	185.1	10358
上海	20035	65	2761.25	6.39	69.1	4830
深圳	21335	35	1627.08	5.31	112.8	17443
广州	11435	15	2411.13	8.54	49.7	1900
重庆	5066	1	310.85	1.11	13.2	393
苏州	11165	46	625.52	2.75	66.9	3121
成都	7827	16	1228.00	6.17	38.1	—
杭州	10222	24	875.20	4.83	79.6	2062
武汉	9151	7	1105.33	6.24	59.5	1566
天津	9198	6	1321.83	8.42	31.3	—
郑州	4130	0	306.50	2.42	19.3	122
西安	7140	9	2209.49	2.07	46.8	458
青岛	5554	5	320.10	2.26	46.3	1616
长沙	5218	8	533.00	4.02	42.4	828
东莞	7374	9	62.36	0.57	46.1	4408

资料来源:相关城市2022年统计年鉴,或通过信息收集整理得出。

(四)制造业水平比较

规上工业企业数量反映了一个城市制造业规模实力,是高质量发展的

"底盘"。从规上工业企业数量上看，东莞总量为12778家，在15个"双万"城市中排第2名，仅次于深圳（13027家），苏州（12493家）和东莞相差不大。"双万"城市规上工业企业数量差距较大，最多的深圳有13027家，最少的西安仅有1731家。

增加值是国民经济核算的基础指标，全部有工业增加值反映一个地区全部工业生产单位对国内生产总值的贡献。从全部工业增加值上看，2021年上海（10739亿元）和深圳（10365亿元）均突破1万亿元大关，苏州（9963亿元）也已接近万亿元，东莞（6075亿元）排在"双万"城市第6位，与上海、深圳、苏州相比还有一定差距。虽然东莞全部工业增加值排在15个"双万"城市中游水平，但是全部工业增加值占地区生产总值比重达到51.50%，排在15个"双万"城市首位，苏州全部工业增加值占地区生产总值比重也达到了42.20%，充分显示了制造业对东莞和苏州发展的重要意义。

规上工业企业利润总额是规上工业企业在一定会计期间内实现的盈亏的总额，反映规上工业企业在会计期间的经营成果，也就是规上工业企业盈利情况。从2021年"双万"城市规上工业企业利润总额上看，东莞规上工业企业整体盈利水平在"双万"城市中排第9位。2021年，"双万"城市中规上工业企业利润总额最高的是北京（3648.40亿元），约为东莞（1209.00亿元）的3倍；同时深圳（3461.99亿元）和上海（3164.63亿元）规上工业企业利润总额也都超过了3000亿元。

主营业务收入是指企业在日常运营中通过销售产品或提供服务所获得的收入，是企业的主要收入来源，通常占企业总收入的大部分。主营业务收入也是反映企业能否持续运营和发展的重要指标之一。2021年，东莞规上工业企业主营业务收入为24792亿元，排在"双万"城市第6位。"双万"城市中这一指标最高的是上海（44173亿元），苏州（43811亿元）和深圳（41330亿元）也都超过了4万亿元，最低的是西安（7895亿元）。具体指标数据如表5-6所示。

表5-6 东莞与其他"双万"城市制造业水平比较

城市	规上工业企业数量（家）	全部工业增加值（亿元）	全部工业增加值占地区生产总值比重（％）	规上工业企业利润总额（亿元）	规上工业企业主营业务收入（亿元）
北京	3073	5693	14.10	3648.40	28054
上海	9000	10739	24.80	3164.63	44173
深圳	13027	10365	33.80	3461.99	41330
广州	6757	6710	22.90	1519.49	23272
重庆	7314	7889	28.30	2133.79	27530
苏州	12493	9963	42.20	2727.66	43811
成都	4180	4740	24.30	1087.50	17419
杭州	6528	4805	26.50	1515.22	19280
武汉	3135	4586	25.90	1040.20	15019
天津	5662	5224	33.30	1503.27	22571
郑州	2534	3400	26.20	427.50	12603
西安	1731	1829	18.20	444.48	7895
青岛	4280	3884	27.50	578.03	11542
长沙	2872	3900	28.80	746.22	9110
东莞	12778	6075	51.50	1209.00	24792

资料来源：相关城市2022年统计年鉴。

（五）先进制造业发展水平比较

"双万"城市先进制造业发展水平，主要利用国家级专精特新"小巨人"企业数量、国家级先进制造业集群数量、国家级制造业创新中心数量、国家级制造业单项冠军企业数量等指标来比较。

国家级专精特新"小巨人"企业大多处于产业链关键环节，是解决关键核心技术"卡脖子"问题的重要力量，对产业链供应链建链、补链、延链、强链起到强有力的助推作用。工信部将优质中小企业分为创新型中小企业、专精特新中小企业和专精特新"小巨人"企业三个梯度，专精特新"小巨人"企业是优质中小企业梯度中的最高级。自2018年11月，工信部发布《关于开展专精特新"小巨人"企业培育工作的通知》，拉开专精特新"小巨人"企业评选的序幕以来，到2022年，工信部共公布了四批专精特新"小巨人"企业名单，全国共9119家企业入选，① 主要行业集中于新一代信息技术、高端装备制造、人工智能、生物医药、智能制造等先进制造业领域。从工信部公布的四批企业名单情况看，北京、上海、深圳凭借强大的经济实力，"小巨人"企业数量遥遥领先于其他城市，尤其是北京（591家）和上海（507家）已经超过500家。东莞（107家）则排在15个"双万"城市末尾，说明东莞相比其他先进城市，产业结构还偏传统，科技型产业还不够发达，要大力总结其他先进城市经验，深化专精特新企业培育政策，为中小企业营造宽松经营环境，加强专精特新企业政策支持，推动专精特新"小巨人"企业成长。

推动先进制造业集群发展，是推动产业迈向中高端、提升产业链供应链韧性和安全水平的重要抓手，有利于形成协同创新、人才集聚、降本增效等规模效应和竞争优势。拥有一批有国际竞争力的先进制造业集群，是制造强国的重要标志。自2019年工信部开展先进制造业集群发展专项行动以来，已有45个先进制造业集群入选"国家队"，② 成为"中国制造"的金名片，并代表国家参与全球产业竞争。在"双万"城市中，深圳拥有4个国家级先进制造业集群，分别是深圳市新一代信息通信集群、深圳市先进电池材料集群、广深佛莞智能装备集群、深广高端医疗器械集群，排在"双万"城市第1名。北京、广州、苏州、成都、东莞均有3个先进制造业集群入选"国家队"，其中与东莞市有关的包括东莞市智能移动终端集群、广深佛莞智能装备集群、佛莞泛家居集群。

----

① 《全国第四批专精特新"小巨人"全名单》，贵州省大数据发展管理局网站，http://dsj. guizhou. gov. cn/xwzx/gnyw/202208/t20220823_76224194. html？eqid = bd4409e10002f2ad0000 0006642a8296。

② 韩鑫、郑智文：《先进制造产业集群建设步伐进一步加快 45个国家级集群产值超20万亿元》，《人民日报》2023年3月31日。

国家制造业创新中心项目是中国制造业相关战略的重要内容，目的是通过突破重点领域关键共性技术，加速科技成果商业化和产业化，优化制造业创新生态环境，形成以国家制造业创新中心和省级制造业创新中心为核心节点的多层次、网络化制造业创新体系，显著提升国家制造业创新能力。自2016年8月，工信部印发《关于完善制造业创新体系，推进制造业创新中心建设的指导意见》以来，我国共建设了26个国家级制造业创新中心。"双万"城市中，北京（3个）和深圳（3个）是拥有国家级制造业创新中心最多的城市，上海和武汉也各有2个国家级制造业创新中心，西安、广州、苏州、天津、重庆、青岛、成都等城市各1个。目前，东莞还没有国家级制造业创新中心。

制造业单项冠军企业是指长期专注于制造业某些细分产品市场，生产技术或工艺国际领先，单项产品市场占有率位居全球或国内前列的企业，代表全球制造业细分领域最高发展水平、最强市场实力。制造业单项冠军企业数量和质量已成为衡量区域先进制造业发展水平的重要指标。截至2022年10月，工信部共公布了七批国家级制造业单项冠军企业名单，共计1187家。在"双万"城市中，深圳有67家，居"双万"城市首位；北京有56家，排在第2位；上海有38家，排在第3位。而东莞仅有5家企业（产品）上榜，与先进城市的差距较大。具体数据如表5-7所示。

表5-7 东莞与其他"双万"城市先进制造业发展水平比较

单位：家，个

城市	国家级专精特新"小巨人"企业数量	国家级先进制造业集群数量	国家级制造业创新中心数量	国家级制造业单项冠军企业数量
北京	591	3	3	56
上海	507	1	2	38
深圳	445	4	3	67
广州	113	3	1	24
重庆	257	0	1	11

续表

城市	国家级专精特新"小巨人"企业数量	国家级先进制造业集群数量	国家级制造业创新中心数量	国家级制造业单项冠军企业数量
苏州	151	3	1	30
成都	194	3	1	11
杭州	207	1	0	34
武汉	202	2	2	19
天津	172	1	1	28
郑州	110	0	0	11
西安	112	1	1	16
青岛	144	2	1	31
长沙	140	2	0	25
东莞	107	3	0	5

资料来源：通过工信部网站收集整理。

（六）科技产业融合发展水平比较

研发是企业持续发展的支撑和动力，而规模以上工业企业则是研发活动的主力军，其研发活动对提升工业整体创新实力具有举足轻重的作用。从规上工业企业有研发活动企业数占规上工业企业数量比重这一指标上看，东莞（43.75%）排在可以获得此项指标数据的13个"双万"城市的第7位，整体处于"双万"城市中游水平。这一指标排名第一的长沙已经达到67.17%，深圳（50.06%）、苏州（54.35%）也超过了50%，东莞尚未达到50%，且与先进城市存在一定差距。

新产品销售收入是反映企业创新成果，即将新产品成功推向市场的指标，反映创新活动对产品结构调整的效果。从规上工业企业新产品销售收入占主营业务收入比重指标上看，东莞排在11个有数据的"双万"城市的第3位，说明东莞科技创新成果产业化应用成效较好，科技产业融合程度整体较高。同时也应注意到，广州、深圳这一指标已经超过50%和

40%，东莞与这两个城市存在一定差距。

当前，高技术制造业已成为引领产业转型和高质量发展的重要力量，高技术制造业占规上工业比重是衡量一个地区产业发展水平的重要标志。2021年，东莞高技术制造业占规上工业比重达37.90%，在有数据的14个"双万"城市中排名第3。这一指标排名第一的是杭州，为69.00%，同时深圳这一指标也达到了63.30%，东莞与这两个城市的差距比较明显。具体数据如表5-8所示。

表5-8　东莞与其他"双万"城市科技产业融合发展水平比较

单位：%

城市	规上工业企业有研发活动企业数占规上工业企业数量比重	规上工业企业新产品销售收入占主营业务收入比重	高技术制造业占规上工业比重
北京	40.45	29.42	34.90
上海	30.24	23.94	20.24
深圳	50.06	41.49	63.30
广州	43.15	51.88	15.28
重庆	28.48	21.36	19.10
苏州	54.35	—	34.00
成都	—	35.35	—
杭州	44.45	—	69.00
武汉	31.80	17.49	20.00
天津	29.14	21.33	15.50
郑州	44.75	28.11	32.70
西安	46.66	20.34	35.50
青岛	—	—	10.20
长沙	67.17	—	28.80
东莞	43.75	36.79	37.90

资料来源：相关城市2022年统计年鉴，或通过网络信息收集整理得出。

四 东莞与其他"双万"城市科技创新与先进制造业比较分析

总的来看，东莞全部工业增加值占地区生产总值比重位居15个"双万"城市第1名；规上工业企业数量、国家级先进制造业集群数量位居"双万"城市第2名；规上工业企业新产品销售收入占主营业务收入比重、高技术制造业占规上工业比重位居"双万"城市第3名；规上工业企业研发经费支出、PCT国际专利申请量两个指标位居"双万"城市第4名；全社会研发经费投入强度位居"双万"城市第5名；全部工业增加值、规上工业企业主营业务收入位居15个"双万"城市第6名；规上工业企业研发经费支出占主营业务收入比重、规上工业企业有研发活动企业数占规上工业企业数量比重位居"双万"城市第7名；科创板上市企业数量位居15个"双万"城市第8名；规上工业企业利润总额位居15个"双万"城市第9名；国家级高新技术企业数和万人发明专利拥有量位居15个"双万"城市第10名；人均地区生产总值排在15个"双万"城市第11名；全社会研发经费投入总量、财政科技支出占一般公共预算支出比重排在"双万"城市第12名；常住人口数量排在15个"双万"城市第13名；地区生产总值排在15个"双万"城市第14名；十万人口大学以上学历人数占比、财政科技支出、技术合同成交金额、技术合同成交金额占地区生产总值比重、国家级专精特新"小巨人"企业数量、国家级制造业单项冠军企业数量等指标排在"双万"城市第15名；国家级制造业创新中心数量虽在表5-9中排第4名，但实际数量为0，与其他"双万"城市一起排在最后。"双万"城市相应指标对比排序情况如表5-9所示。

表5-9 "双万"城市科技创新和先进制造业各指标排名情况

序号	东莞	北京	上海	深圳	广州	重庆	苏州	成都	杭州	武汉	天津	郑州	西安	青岛	长沙
1	13	3	2	6	5	1	9	4	12	11	7	10	8	14	15
2	14	2	1	3	4	5	6	7	8	9	10	13	15	11	12

序号	东莞	北京	上海	深圳	广州	重庆	苏州	成都	杭州	武汉	天津	郑州	西安	青岛	长沙
3	11	1	4	3	6	14	2	13	5	7	10	12	15	8	9
4	15	1	2	7	9	14	13	11	5	3	10	6	4	12	8
5	12	1	2	3	5	9	4	7	6	8	10	14	11	—	13
6	5	1	4	2	11	15	6	10	7	9	8	13	3	14	12
7	4	8	3	1	5	6	2	—	7	9	11	13	12	10	—
8	7	12	9	1	8	10	5	—	4	6	13	11	2	3	—
9	15	1	2	3	5	10	4	9	7	6	8	11	13	14	12
10	12	6	8	3	5	15	1	10	4	2	13	7	11	14	9
11	10	1	3	2	4	14	5	9	6	8	7	15	11	12	13
12	8	2	1	4	7	14	3	6	5	11	12	15	9	13	10
13	15	1	2	5	3	13	10	7	9	8	6	14	4	12	11
14	15	1	4	7	2	14	10	6	8	5	3	11	13	12	9
15	10	1	4	2	7	15	5	12	3	6	13	14	8	9	11
16	4	2	3	1	7	12	5	—	6	9	—	13	11	8	10
17	2	12	4	1	6	5	3	10	7	11	8	14	15	9	13
18	6	7	1	2	5	4	3	10	9	11	8	14	15	13	12
19	1	15	11	3	13	6	2	12	8	10	4	9	14	7	5
20	9	1	3	2	6	5	4	10	7	11	8	15	14	13	12
21	6	4	1	3	7	5	2	10	9	11	8	12	15	13	14
22	15	1	2	3	12	4	9	7	5	6	8	14	13	10	11
23	2	2	4	1	2	5	2	2	4	3	4	5	4	3	3
24	4	1	2	1	3	3	3	3	4	2	3	4	3	3	4
25	15	2	3	1	9	12	6	13	4	10	7	14	11	5	8
26	7	9	11	3	8	13	2	—	6	10	12	5	4	—	1
27	3	5	7	2	1	8	—	4	—	11	9	6	10	—	—
28	3	5	9	2	13	11	6	—	1	10	12	7	4	14	8

注：表中序号与表5-2中序号对应。

第三节 东莞推动科技创新和先进制造业发展的思路

通过对"双万"城市科技创新和先进制造业发展情况的比较，进一步明确了东莞在"双万"城市中的定位，找准了东莞在科技创新和先进制造业领域存在的短板和不足。东莞应聚焦问题，立足实际，借鉴先进城市经验，进一步补齐短板，巩固优势，不断提升科技创新和先进制造业的相关能力和水平。

一 东莞应抢抓机遇趁势而上

当前，全球科技经济正在发生深刻变化，新一轮科技革命和产业变革正在孕育兴起，我国经济进入高质量发展阶段，创新已是引领发展的第一动力，特别是东莞进入"双万"城市新赛道，推动科技创新和先进制造业发展面临难得的历史机遇。

（一）全球新一轮科技革命和产业变革孕育的新机遇

科学技术是世界性、时代性的，发展科学技术必须具有全球视野，把握时代脉搏，抢抓科技革命和产业变革带来的新机遇。当前，全球新一轮科技革命正孕育兴起，基础研究和原始创新加快突破，基础研究到产业化的周期越来越短，界限日趋模糊，创新链与产业链的衔接越来越紧密。一些基本科学问题孕育重大突破，产生颠覆性技术，开辟新前沿新方向，进而引发世界经济格局和产业分工的重大深刻调整；信息技术、生物技术、新材料、新能源、航天技术、海洋技术等诸多新兴领域蓬勃发展，不同领域的新技术相互交叉、跨界交融，互为支撑、相互刺激，不仅催生大量新产业新业态，而且深刻地改变着传统发展模式，技术进步呈现加速推进的新态势；科技创新与商业模式创新有机结合，越来越多的商业服务出现个性化、柔性化、共享化的新趋势，新的分工模式与分工格局正在全球范围内形成。东莞应坚持全球视野，密切跟踪全球科技产业发展方向，不断增强原始创新能力，牢牢抓住科技革命和产业变革带来的机遇和挑战，积极培育移动互联网、云计算、3D打印、数控、机器人等新技术与传统产业融合形成的新业态和新商业模式，加快发展新一代信息技术、高端装备制造、新能源、生物技术、新材料等战略性新兴产业，加快抢占新一轮科技革命和产业变革中的制高点。

（二）抢抓"双区"和双合作区建设的难得机遇

粤港澳大湾区建设、深圳建设中国特色社会主义先行示范区和横琴与前海两个合作区建设，是国家重大战略部署。东莞全力对接、支持、服务"双区"和双合作区建设，标志着东莞将与香港、广州、深圳等先进城市一起组团参与世界优秀城市群的竞争，这就要求东莞以更广的国际视野、更高的发展站位、更严的创新标准来审视和谋划自身的发展，确立高质量发展的战略目标。"双区"和双合作区建设，将为东莞在更广范围、更宽领域、更深层次参与全球科技合作，集聚全球顶尖创新资源，吸收国际高端创新要素提供难得的机遇。东莞地处穗深港经济走廊，是粤港澳大湾区的核心通道城市，香港拥有发达的金融体系和教育资源，广州拥有一批著名的高等学校、科研院所，深圳拥有最前沿的创新资源，东莞拥有完善的产业配套，粤港澳三地共同构建产学研合作新模式，为东莞深度参与跨区域产业创新分工提供了难得机遇。粤港澳大湾区是我国科技创新最活跃、制造业最发达的地区之一，依托这一全球科技产业创新策源地，有助于推动科技成果产业化，促进新产业、新模式和新业态快速布局和成长，推动经济增长由要素驱动向创新驱动转变，推动产业发展由价值链中低端向高端迈进，为东莞建设现代产业体系提供难得机遇。东莞应牢牢把握"双区"和双合作区建设这一历史性跃升机会，向香港、广州、深圳等先进城市看齐，积极融入粤港澳大湾区建设，以打造粤港澳大湾区先进制造业中心为目标，夯实创新基础、加大创新投入、做大创新企业、做强创新产业、提升创新产出、集聚创新人才，充分发挥科技园区的带动作用，不断提升自主创新能力，构建现代产业体系，推动经济实现高质量发展。

（三）全面推动高质量发展、推进中国式现代化带来的新机遇

近年来，国家和省围绕深入实施创新驱动发展战略和建设现代产业体系，相继出台了一系列政策措施，不断强化和优化顶层设计，释放出巨大的政策红利。特别是 2022 年，广东省委、省政府出台了《关于支持东莞新时代加快高质量发展打造科创制造强市的意见》，赋予东莞打造具有全球影响力的前沿科技创新高地、制造业高质量发展示范区、国内国际双循环重要节点城市、宜居宜业高品质现代化都市的战略定位。东莞要紧紧抓住推动高质量发展的重大战略机遇，充分发挥市场对创新资源的配置作用和政府对推动创新发展的引导作用，发挥产业基础优势，加快推动高端创新要素集聚，营造良好创新创业环境，着力推进大众创业、万众创新，实现从制造大市向科创制造强市转变。

二 东莞应针对差距补齐短板

近年来，东莞不断加强科技创新和先进制造领域顶层设计，出台了一系列配套措施，不断加大政策、资金、项目扶持力度，推动科技创新和先进制造业发展取得显著成效。但是，东莞科技创新和先进制造业发展水平与高质量发展的要求相比、与先进城市相比还存在许多短板和不足，要针对存在的差距，努力补齐短板，巩固优势，推动科技创新和先进制造业高质量发展。

（一）尽快补齐科技创新领域短板，营造最优创新创业生态

通过与其他"双万"城市比较发现，在科技创新方面，东莞的全社会研发经费投入总量、财政科技投入、技术合同成交金额等指标与其他"双万"城市差距较大；规上工业企业有研发活动企业数占规上工业企业数量

比重、规上工业企业研发经费支出占主营业务收入比重等指标处于"双万"城市中游位置。总的来看，东莞科技创新领域主要短板集中在科技创新经费投入、创新型企业培育、科技成果转移转化以及人才培养等几个方面。接下来，东莞应深入贯彻实施科教兴国战略、人才强国战略和创新驱动发展战略，全力营造最优创新创业生态。一是要加快构建"源头创新+技术攻关+成果转化+科技金融+人才支撑"的全过程创新链条，推动创新链和产业链深度融合。要进一步健全完善多元化创新投入体系，不断提高全社会研发经费投入和财政科技投入水平，特别是要发挥拥有散裂中子源大科学装置的优势，进一步增加基础研究投入，不断提高源头创新能力和水平。二是要进一步健全完善科技成果转移转化体系，特别是要加快完善科技成果跨区域转移转化制度，提升重大科技成果转化和产业化的整体效能。三是要进一步强化企业创新主体地位，加大创新型企业引进培育力度，持续推动高新技术企业"树标提质"，强化创新型企业服务，建立科创板后备企业库，推动有潜力的创新型中小企业上市融资。

（二）尽快补齐先进制造领域短板，构建现代化产业体系

东莞是国际制造名城，制造业发展水平较高，与其他"双万"城市相比，大部分制造业相关指标处在"双万"城市中上游的位置。但是，国家级专精特新"小巨人"企业数量、国家级制造业单项冠军企业数量两个指标均排在"双万"城市最后，且没有国家级制造业创新中心；规上工业企业利润总额排在"双万"城市第9名。这些情况，反映出目前东莞制造业还处在价值链的中低端，工业企业盈利能力有待进一步提高。同时，东莞具备专业化、精细化、特色化、新颖化优势的中小企业培育力度有待加大。接下来，东莞应加快构建"小升规—倍增企业—专精特新—单项冠军—领航企业"的优质企业梯度培育格局。一是要进一步推动"小升规"，在巩固现有规上工业企业规模基础上，确保东莞规上工业企业数量全国领先。二是要进一步深入实施"倍增计划"，加大"倍增"企业政策支持力

度，优化"倍增"企业评价体系，推动"倍增"企业高质量发展。三是要进一步培育专精特新企业，以推动产业基础能力高级化和提升产业链现代化水平为目标，围绕重点战略性产业集群、重要产业链节点，大力培育省级以上专精特新企业。四是要在专精特新企业中遴选优质企业申报"小巨人"企业，并引导"小巨人"企业成为国际市场领先的"单项冠军"企业。五是要进一步发挥大企业引领作用，聚焦智能终端、数字经济、生物医药、前沿新材料等重点领域，高水平建设制造业创新中心，填补制造业创新中心的空白。六是要进一步推动大企业集团成为具有生态主导力、国际竞争力的领航企业，构建大中小企业创新协同、产能共享、供应链融通的现代化产业体系。

（三）尽快补齐科技产业融合短板，推动制造业高端化、智能化、绿色化发展

通过与其他"双万"城市比较发现，在科技产业融合方面，东莞规上工业企业有研发活动企业数占规上工业企业数量比重排在"双万"城市第7名，处在中游位置，说明东莞企业创新主体地位尚未充分确立，企业开展研发活动积极性还不够高。特别是，东莞制造业基础还不够稳固，电子信息制造业"一业独大"的局面尚未根本改变，虽然集聚了华为、OPPO、vivo等千亿级智能手机制造企业，但智能手机的芯片、屏幕、内存等核心元器件几乎被国际厂商垄断，核心技术受制于人，存在"卡脖子"风险。为此，东莞应进一步推动科技产业深度融合，一是要加强关键领域核心技术攻关，提升企业核心竞争力，摆脱受制于人局面。重点围绕产业技术升级现实需求，研究制定核心技术攻关目录，集成全社会创新资源，集中投向重点产业关键领域。每年遴选若干产业基础良好、增长潜力巨大、亟待科技突破的前沿领域高端环节，部署实施一批关键技术攻关项目，进行重点突破，加快突破一批国内领先、世界先进的核心关键技术，开发具有自主知识产权和自主品牌的重大战略产品，迅速形成新的核心竞争力，加快

抢占产业科技发展制高点。二是要精心组织实施重大科技专项，鼓励支持高校、企业或科研院所积极承担或参与国家重点研发计划、重大科技专项、重大平台建设项目、中小企业创新基金项目以及省各类重大项目。引导企业拓宽国际视野，鼓励企业并购、参股国际研发企业，设立海外研发中心和产业化基地，参加国际研发组织，承担国际科技项目，提升企业研发活动的层级和水平。三是要鼓励龙头骨干企业发挥在核心技术攻关中的主体作用，引导龙头企业加强与高校、科研机构的科技分工和创新协作，实施科技攻关项目，解决关键共性技术问题。

三 东莞应集聚资源激活动能

通过与其他"双万"城市比较发现，东莞十万人口大学以上学历人数占比这一指标排在"双万"城市的末尾。这一现象反映出东莞人才资源相对匮乏。近年来，东莞虽然集聚了一批新型研发机构，引进了一批重大产业项目，推动了相关创新资源的集聚，但相比先进城市，东莞的科技底子比较薄弱，高校知名度不高，对顶尖科研机构和高级创新人才的吸引力还不强。东莞应进一步加大对各类人才的引进培育力度，优化人才服务，营造适合人才发展的宜居宜业环境。

（一）推动重大科技创新载体建设

一是要打造大科学装置集群，通过各类重大科技创新载体建设，有效集聚高端创新资源。要以打造国际一流科研基础设施为目标，加快散裂中子源二期、先进阿秒激光装置、南方先进光源等重大科技基础设施建设进度。二是要建设一批高水平大学，加快大湾区大学、香港城市大学（东莞）建设进度，推动东莞理工学院建设新型高水平理工科大学示范校，支持广东医科大学建设高水平医科大学。三是要打造一批高水平实验室，推动松山湖实验室创建国家重点实验室，支持粤港澳中子散射科学技术联合实验室、东莞材料基因高等理工研究院、东莞新能源研究院等高水平科研机构快速发展。四是要推动新型研发机构高质量发展，进一步推动广东华中科技大学工业技术研究院、电子科技大学广东电子信息工程研究院、东莞深圳清华大学研究院创新中心、广东省智能机器人研究院、东莞中科云计算研究院等新型研发机构提质增效。

（二）加快集聚高端科技产业人才

一是要创新高端人才引进方式。聚焦新一代电子信息、智能制造和高端装备、新能源、新材料、生物医药等有基础、有优势、能突破的重点领域，坚持全球视野，建立国际通行的高端人才遴选机制，引进重点产业首席科学家，借助首席科学家组成的产业发展顾问团，"以才引才""以才育才"，为建设高精尖的科技人才队伍提供引领。二是要建立和完善海外人才引进工作体系和海外高层次人才信息库，制定完善人才引进目录，按照"柔性引才""靶向引才"原则，引进对产业发展有重大影响、能带来重大经济效益和社会效益的海外高层次人才、团队和项目，注重将团队引进与产业发展规划相结合，与近中远期目标相结合，与提升自主创新能力相结合，与创新载体建设相结合，与投入方式改革相结合，通过赴海外举办招才引智推介会、招聘会等，开展高品质国际人才引进活动，促成海外高层次人才、引智项目落地东莞。三是要激发高端科技产业人才活力，加快落实科研人员成果转让转化收益奖励政策、重要科研人员和经营管理人员股权激励政策以及自主创新示范区股权激励税收优惠政策，不断激发科研人员创新活力。将专利创造、标准制定及成果转化作为职称评审、绩效评价和考核激励的重要依据，引导科技型创新人才把主要精力放在技术研究和开发运用上，推动技术创新。

（三）加大创新团队引进培养力度

东莞应巩固引进创新科研团队取得的成效，并针对目前东莞创新科研团队存在的植根性弱、产业引领作用不显著、创新团队布局不均衡、项目产业化成效有待进一步提升等问题，重点加大对海外高端团队的引进力度，强化团队项目服务功能，加快团队项目产业化进程。一是要突出产业导向，紧密围绕新一代信息技术、机器人、新能源等重点发展产业，瞄准产业链的核心技术节点和薄弱环节，引进一批水平领先、分工明确、优势互补的团队，打造重点产业高端团队的"聚集部落"和"火力军团"，为产业发展提供全链条的技术支撑。二是要注重团队间的协同创新，加强同一产业领域团队间的沟通协作，针对产业共性技术难题开展联合攻关，形成资源共享、互补有无的产业联盟，填补产业关键技术空白。三是要提升团队项目产业化服务水平，加强在用地、厂房、实验设施等方面的要素供给，为团队提供产品生产、企业管理、市场营销等方面的创业辅导，帮助团队项目拓宽产品市场渠道，加快团队项目的产业化进程，并助力团队项目实现经济效益。

第六章　东莞加强创新体系建设
推动高质量发展研究

习近平总书记在党的二十大报告中强调，"高质量发展是全面建设社会主义现代化国家的首要任务"①。经济高质量发展，既是保持经济持续健康发展的必然要求，也是适应我国社会主要矛盾变化、全面建设社会主义现代化国家的必然要求，更是遵循经济规律发展的必然要求。同时，党的二十大还明确提出了"完善科技创新体系"②的战略任务，要求必须坚持创新在我国现代化建设全局中的核心地位。《粤港澳大湾区发展规划纲要》（简称《规划纲要》）明确要求，粤港澳大湾区要在构建经济高质量发展的体制机制方面走在全国前列、发挥示范引领作用。同时，《规划纲要》中还明确了粤港澳大湾区建设"具有全球影响力的国际科技创新中心"的战略定位和目标，要求"加快形成以创新为主要动力和支撑的经济体系"，"建成全球科技创新高地和新兴产业重要策源地"③。以科技创新驱动高质量发展，是贯彻新发展理念、破解当前经济发展中突出矛盾和问题的关键，也是加快转变发展方式、优化经济结构、转换增长动力的重要抓手。

---

① 《习近平著作选读》（第一卷），人民出版社，2023，第23页。
② 《习近平著作选读》（第一卷），人民出版社，2023，第29页。
③ 《中共中央 国务院印发〈粤港澳大湾区发展规划纲要〉》，中华人民共和国商务部网站，http：//www.mofcom.gov.cn/article/b/g/201904/20190402851396.shtml。

近年来，东莞全面贯彻落实党的二十大精神，深入学习贯彻习近平总书记广东考察重要讲话和重要指示精神，深入贯彻省委第十三次党代会、市委第十五次党代会精神，以建设粤港澳大湾区为纲，以建设国家创新型城市为契机，充分发挥科技创新战略支撑作用，加快推进区域创新体系建设，加快集聚高端创新资源要素，加快推动"科技、金融、产业"三融合，取得了显著成效。当前，东莞正面临"双区"和横琴、前海、南沙三大平台建设的重大历史机遇，必须把创新摆在更加突出的位置，依靠科技创新为经济高质量发展打造新引擎、注入新动力、培育新动能、拓展新空间、构建新支撑。

第一节　东莞加强创新体系建设的重大意义

科技创新体系是集创新主体、创新资源、创新环境和创新机制等要素于一体，在全社会层面促进创新要素合理配置和高效利用，促进创新要素相互协调和良性互动，充分体现政府创新意志和战略目标的系统。东莞加强创新体系建设是新时代把握新机遇、迎接新挑战的重要工作，对进一步推进结构调整和转型升级、推动发展方式转变、提升经济发展活力和竞争力具有极其重要和深远的意义。

一　加强创新体系建设是实施创新驱动发展战略的根本要求

当前，新一轮科技革命和产业变革正在引发经济社会的深刻变革，科技创新日益成为引发国际格局和治理体系重构的核心变量。党的二十大强调"科技是第一生产力、人才是第一资源、创新是第一动力"[①]，强调要深

---

① 《习近平著作选读》（第一卷），人民出版社，2023，第28页。

入实施科教兴国战略、人才强国战略、创新驱动发展战略，开辟发展新领域新赛道，不断塑造发展新动能新优势。科技创新是提高社会生产力和综合国力的战略支撑，必须摆在国家发展全局的核心位置。东莞是全球闻名的制造业基地，制造业发达、工业门类齐全，特别是在党的十八大后，东莞大力推动新兴产业发展，先进制造业、高技术制造业占比逐年攀升。但是东莞制造业存在研发能力不足、产品附加值低等突出问题，制约了东莞制造业高质量发展的步伐。其根本原因是，东莞科技创新的基础与制造业高质量发展的要求相比、与国内外先进城市科技创新发展水平相比、与东莞经济发展程度相比显得相对薄弱，突出表现在重大创新平台承载力有待提升、高端创新资源集聚不足、原始创新能力不强、科技投入力度不够等方面。特别是近年来，东莞制造业经历疫情、中美贸易摩擦等外部不确定性因素的大考，产业发展面临的"卡脖子"风险逐渐加大。因此，从长期来看，东莞还需要继续大力实施创新驱动发展战略，把创新作为引领发展的第一动力，不断提升科技自立自强能力，依靠自主创新增强制造业高质量发展的内生动力，按照党的二十大提出的"完善科技创新体系"① 的要求，构建各类创新主体协同互动和创新要素顺畅流动、高效配置的生态系统，形成创新驱动发展的实践载体、制度安排和环境保障，通过完善创新体系，补齐创新领域短板，为推动经济高质量发展提供有力的科技支撑。

二　加强创新体系建设是参与粤港澳大湾区建设的重要内容

建设"具有全球影响力的国际科技创新中心"是粤港澳大湾区的战略定位之一。② 按照这一定位，东莞要向广州、深圳、香港、澳门等大湾区

---

① 《习近平著作选读》（第一卷），人民出版社，2023，第 29 页。
② 《中共中央 国务院印发〈粤港澳大湾区发展规划纲要〉》，中华人民共和国商务部网站，http：//www. mofcom. gov. cn/article/b/g/201904/20190402851396. shtml。

先进城市看齐，在充分发挥自身在经济规模、产业配套、创新氛围、科学装置、对外开放、基础设施、投资环境、营商成本、生态底蕴等方面的比较优势基础上，找准自身短板，进一步加强与广州、深圳、香港、澳门等大湾区先进城市在创新人才、创新主体、创新技术、科技金融等高端创新资源方面的融合对接，不断提升自身创新能级、加快科技产业融合发展、提高科技服务水平，携手广深港澳共同打造具有国际影响力的科技创新中心。同时，按照《规划纲要》的要求，东莞在参与粤港澳大湾区建设过程中，要充分发挥自身制造业发达、产业配套完善的突出优势，加快推动传统制造业向价值链高端跃升，着力打造具有全球影响力和竞争力的世界级先进制造业产业集群。这就要求东莞通过科技创新推动制造业向高端化、智能化、协同化方向发展，大力发展新一代电子信息、高端装备制造、新能源、新材料、生物医药等科技含量高的新兴产业；加快现代科学技术在纺织服装、家具玩具、食品饮料等传统产业中的应用，推动传统产业插上科技的翅膀。

三 加强创新体系建设是推动制造业供给侧结构性改革的重要支撑

东莞是广东省制造业供给侧结构性改革创新实验区，要牢牢把握建设实验区的重大契机，突破发展瓶颈，推动制造业高质量发展。要根据《东莞市建设广东省制造业供给侧结构性改革创新实验区实施方案》中提出的任务要求，构建起支撑制造业高质量发展的现代产业体系。为此，东莞要把握新一轮科技革命和产业变革机遇，围绕提升传统产业、培育新兴产业、促进制造业与服务业融合发展、强化科技和金融支撑等方面进行改革攻坚，力求在提升源头创新能力、集聚高端创新资源、精准高效服务企业、拓宽制造业融资渠道等方面实现突破，构建以科技创新为支撑，实体经济、科技创新、现代金融、人力资源协同发展的现代产业体系。要大力提升核心基础零部件（元器件）、关键基础材料、先进基础工艺等方面的创新能力，积极构建多元化、统筹协调的创新资源投入机制，建立与未来发展相适应的人才培养和激励机制，提高高校和科研院所前沿技术供给能力和源头创新能力，增强企业关键技术储备和先进工艺设计能力，促进产学研深度合作，让创新驱动真正成为制造业新旧动能转换的主导力量，推动制造业加速向数字化、网络化、智能化发展。

四 加强创新体系建设是在"双万"新阶段实现高质量发展的重要抓手

当前，东莞发展进入了重要战略机遇期和发展窗口期叠加的阶段。特别是 2022 年，东莞成为全国第 15 个"双万"城市，在"双万"新阶段实现高质量发展，是东莞市委结合新时代新形势新要求，明确的当前及今后一个时期的战略任务和价值追求。"双万"新阶段实现高质量发展，要求东莞通过共建大湾区综合性国家科学中心、深度参与建设广深港澳科技创新走廊，加快融入大湾区区域创新体系，使产业体系更加先进、科技创新更加活跃、平台功能更加完善、创新要素充分流动、体制机制更加健全。为此，东莞应紧紧抓住科技创新这个"牛鼻子"，加快科技产业融合，推动产业向更高水平迈进；发挥重大科学装置作用，提升原始创新能力；加强重大科技平台建设，携手深圳打造综合性国家科学中心；加强科技服务，吸引全球高端创新资源；加强应用示范，打造高品质生产生活样板；完善科技创新体制机制，营造有利于科技创新的生态环境。

第二节 党的十九大以来东莞科技创新取得的成效

党的十九大以来，东莞以建设国家创新型城市为目标，深入实施创新驱动发展战略，不断加强科技创新的顶层设计，制定了科技创新的"1+1+N"政策体系，不断强化科技创新政策的引导作用。在一系列科技创新政策的支持下，东莞区域创新体系日渐完善，创新资源日益集聚，社会创新氛围日益浓厚，科技创新主体数量不断增多，自主创新能力不断提升。

一　创新投入稳步增加

近年来，东莞大力实施大型工业企业研发机构全覆盖行动，不断加大企业研发投入补助政策支持力度，通过落实企业研发费用加计扣除政策、扩大科技创新券规模和适用范围、采用研发投入后补助等方式，调整优化企业研发财政补助政策，不断降低企业研发成本，科技创新投入稳步增加。相关资料显示，2017 年全市 R&D 经费总量达 188.14 亿元，同比增长 14.14%，占地区生产总值比重达 2.48%，全省排名第三；2018 年全市 R&D 经费占地区生产总值比重达到 2.55%；2019 年全市 R&D 经费占地区生产总值比重达 2.68%，同比增长 25.6%，增速居全省第二位；2020 年全市 R&D 投入强度提至 3.06%，达到发达国家水平；[①] 2021 年全市 R&D 经费支出达 434.45 亿元，占地区生产总值比重为 4.0%，占全省 R&D 经费支出的比重为 10.9%。[②]

二　创新主体地位不断增强

东莞积极完善高新技术企业培育政策，大力实施高新技术企业"育苗造林"和"树标提质"行动，出台了《东莞市高新技术企业树标提质行动

---

① 《"十三五"时期东莞经济社会发展成就系列分析报告之四："十三五"时期东莞科技创新发展情况》，东莞市统计局网站，http://tjj.dg.gov.cn/tjzl/tjfx/content/post_3564413.html。

② 《2021 年广东省科技经费投入公报》，广东统计信息网，http://stats.gd.gov.cn/attach-ment/0/508/508191/4056780.pdf。

计划（2018—2020）》等文件，通过优化财政支持方式、预评审培育、认定奖励、政策倾斜等引导高新技术企业壮大规模和提升效益，推动高新技术企业实现数量和质量"双提升"。2017 年，全市国家高新技术企业总量达 4058 家，位居全省地级市之首；① 2018 年，全市国家高新技术企业总数为 5798 家，稳居全省地级市第一；② 2019 年，国家高企、科技型中小企业分别达 6217 家、1957 家，均居全省地级市第一；③ 2020 年，全市有国家高新技术企业 6381 家；④ 2021 年，全市国家高新技术企业数量达到 7387 家，位居全省第三、全国地级市第二。⑤ 同时，东莞还大力实施规上工业企业研发机构全覆盖行动，2017 年，东莞规上工业企业中有研发机构企业数达 2959 家、有研发活动企业数达 2119 家；2018 年，东莞规上工业企业中有研发机构企业数增长至 3943 家、有研发活动企业数增长至 2822 家；2019 年，东莞规上工业企业中有研发机构企业数达 4592 家、有研发活动企业数达 3651 家，分别占规上工业企业的 43.5% 和 34.5%；2020 年，东莞规上工业企业中有研发机构企业数达 5292 家、有研发活动企业数达 4058 家，分别占规上工业企业的 45.9% 和 35.2%；2021 年，东莞规上工业企业中有研发机构企业数达 6577 家、有研发活动企业数达 5590 家，分别占规上工业企业的 51.5% 和 43.7%。⑥

① 《2017 年东莞市国民经济和社会发展统计公报》，东莞市人民政府网站，http：//www. dg. gov. cn/zjdz/dzgk/shjj/content/mpost_360266. html。
② 《2019 年东莞市政府工作报告》，东莞市人民政府网站，http：//www. dg. gov. cn/zwgk/ zfxxgkml/szfbgs/zfgzbg/content/post_591742. html。
③ 《2020 年东莞市政府工作报告》，东莞市人民政府网站，http：//www. dg. gov. cn/zwgk/ zfxxgkml/szfbgs/zfgzbg/content/post_3182578. html。
④ 《2020 年东莞市国民经济和社会发展统计公报》，东莞市统计局网站，http：//tjj. dg. gov. cn/tjzl/tjgb/content/post_3490925. html。
⑤ 《南方观察 | 东莞发展底气何来？7387 家高企，数量全国地级市第二！》，南方⁺网站，ht- tps：//static. nfapp. southcn. com/content/202201/06/c6106990. html。
⑥ 数据来源：2018~2022 年《东莞统计年鉴》。

三　创新型经济快速发展

随着高新技术企业活力迸发，东莞机器人、锂电池、新材料等新产业新业态迅猛增长，涌现出一批龙头企业或"隐形冠军"，形成一批创新型企业集群。其中，在电子信息领域有华为、OPPO 和 vivo 等知名企业，在生物医药领域有东阳光药业、众生药业等龙头企业，在新能源领域有新能源科技 ATL，在新一代光纤传感技术和保密通信领域有复安科技等企业，创新型经济呈现蓬勃发展态势。根据相关统计数据，2017年，东莞规上先进制造业增加值为 1675.49 亿元，增长 13.7%；规上高技术制造业增加值为 1292.23 亿元，增长 15.0%。[1] 2018 年，东莞先进制造业、高技术制造业占比持续提升，增加值占规模以上工业增加值比重分别为 52.3%、38.9%，[2] 工业结构优化并向中高端演进的态势明显。2019 年，东莞先进制造业、高技术制造业占比分别提高 1.9 个百分点和3.3 个百分点，达 54.2% 和 42.2%，[3] 创新型经济发展势头迅猛。2020 年，虽受新冠疫情及中美经贸摩擦等严重影响，东莞先进制造业增加值和高技术制造业增加值占规上工业增加值比重依然分别达到 50.9%、37.9%。[4]2021 年，东莞高技术制造业增加值比上年增长 8.2%，先进制造业增加值比上年增长 0.6%。[5]

---

[1] 《2017 年东莞市国民经济和社会发展统计公报》，东莞市人民政府网站，http://www.dg.gov.cn/zjdz/dzgk/shjj/content/mpost_360266.html。

[2] 《东莞市 2018 年国民经济和社会发展计划执行情况与 2019 年计划草案》，东莞市发展和改革局网站，http://dgdp.dg.gov.cn/gkmlpt/content/0/13/mpost_13355.html#13。

[3] 《2020 年东莞市政府工作报告》，东莞市人民政府网站，http://www.dg.gov.cn/zwgk/zfxxgkml/szfbgs/zfgzbg/content/post_3182578.html。

[4] 《权威发布丨2021 年东莞市政府工作报告》，东莞市人民政府网站，http://www.dg.gov.cn/sjfb/sjjd/content/post_3465768.html？ivk_sa=1024320u。

[5] 《2021 年东莞市国民经济和社会发展统计公报》，东莞市人民政府网站，http://www.dg.gov.cn/zjdz/dzgk/shjj/content/mpost_3790787.html。

四 创新资源不断积聚

东莞良好的创新创业氛围和庞大的科技企业数量，吸引大批高科技人才和资源在东莞聚集。以科技人才为例，东莞通过出台相关政策，实施"十百千万百万"人才工程，以重大人才工程为牵引，加快"高精尖缺"人才集聚。截至 2022 年 12 月，全市拥有 282 万人才，高层次人才达到 20.5 万人，其中，高端人才 1240 人，"双聘"院士 22 名，国务院特殊津贴专家 33 名，省创新科研团队 38 个。[①] 截至 2022 年底，全市共有新型研发机构 32 家，其中省级 25 家。全市有各级工程技术研究中心 1137 家，其中国家级 1 家，省级 497 家，市级 639 家；各级重点实验室 186 家，其中国家级 1 家，省级 13 家，市级 172 家。全市有科技企业孵化器 111 家，众创空间 48 家。[②]

五 创新能力大幅提升

近年来，东莞通过资助政策，从专利申请到企业贯标再到专利运营及服务，全过程加大对知识产权工作的支持力度，进一步推进专利运用和保护工作，激励企业自主创新，知识产权的产出明显增加。2017 年，东莞市专利申请量和授权量分别为 8.1 万件和 4.5 万件；2018 年，专利申请量和授权量分别增加至 9.7 万件和 6.6 万件，均居全省第三位；2019 年，全市专利申请量和授权量分别为 8.3 万件和 6.0 万件，其中，发明专利申请量和授权量分别为 2.02 万件和 0.8 万件，均居全省第三位；2020 年，全市

---

① 《南方观察 | 人才总量超 282 万，东莞为何这么"有才"？》，网易网，https：//m.163. com/dy/article/HP4CLA27055004XG. html。

② 《2022 年东莞市国民经济和社会发展统计公报》，东莞市统计局网站，http：//tjj. dg. gov. cn/gkmlpt/content/4/4001/mpost_4001196. html#832。

专利申请量和授权量分别为 9.6 万件和 7.4 万件，其中，发明专利申请量和授权量分别为 2.2 万件和 8718 件，均居全省第三位；2021 年，全市国内专利授权量为 9.4 万件，其中发明专利授权量为 1.1 万件。PCT 国际专利申请量从 2017 年的 1829 件增长至 2021 年的 4408 件，数量位居全省第二。①

六 科技体制改革持续深入

自 2005 年实施"科技东莞"工程以来，东莞出台了一系列的科技政策，对推动全市科技创新和产业转型升级起到了重要的作用。随着创新驱动发展战略的深入开展，为进一步适应新形势、新任务的需要，东莞紧紧围绕建设国家创新型城市、建设综合性国家科学中心的目标，聚焦"源头创新—技术创新—成果转化—企业培育"的创新链条，从补齐源头创新短板、加强全链条谋划、全面整合创新要素、推进项目管理改革等方面入手，构建了系统性的科技创新支持政策体系。东莞先后出台了《关于贯彻落实粤港澳大湾区发展战略 全面建设国家创新型城市的实施意见》《东莞市科技计划体系改革方案》《东莞市培育创新型企业实施办法》等第一批配套政策，形成了东莞科技创新的"1+1+N"政策体系。在新的政策体系推动下，以松山湖科学城为核心的源头创新力量增强，科技成果转化和创新型企业培育加快推进，东莞全链条科技创新格局正在加速形成。

第三节 东莞科技创新的主要特点

从东莞科技创新采取的措施和取得的成效来看，东莞科技创新主要呈现注重规划政策引领、注重科技产业融合、注重试点示范带动、注重重大

---

① 数据来源：2017~2021 年《东莞市国民经济和社会发展统计公报》。

平台打造等主要特点。

一 注重规划政策引领

东莞是制造业大市，虽然在高等院校和科研院所数量、高层次科技创新人才数量、高技术和战略性新兴产业发展等方面相比广州、深圳等大湾区先进城市还有一定差距，但是也取得了亮眼的成绩。一个重要原因就是东莞高度重视规划政策的引领作用。早在 2005 年，东莞就前瞻性地启动了"科技东莞"工程，"十一五"期间每年安排 10 亿元专项资金，"十二五""十三五"期间每年安排 20 亿元专项资金，支持东莞科技创新活动。通过研究制定与"科技东莞"工程相关的配套政策，有计划实施科技产业项目，有力地支撑了全市科技创新和产业转型升级。同时，东莞还加强重点领域的规划引领，在产业方面制定《东莞市现代产业体系中长期发展规划纲要（2020—2035 年）》《东莞市制造业高质量发展"十四五"规划》等，在重点新兴产业领域制定《东莞市重点新兴产业发展规划（2018—2025 年）》《东莞市数字经济发展规划（2022—2025 年）》等，有力推动了东莞科技产业的发展。

二 注重科技产业融合

作为制造业大市，东莞的科技创新一直与产业转型升级相互促进。东莞着力打造的新一代信息技术、高端装备制造、新材料、新能源、生命科学和生物技术五大重点新兴产业，都是科技含量高、带动能力强、未来前景好的产业。为推动科技产业深度融合发展，近年来东莞还大力实施机器换人计划。该计划，一方面有力支撑了东莞支柱产业和特色产业高端化、智能化、信息化、绿色化转型发展；另一方面也促进了东莞本地智能制造、电子信息、新一代信息技术等领域的新技术在工业领域应用和推广，进一步推动了科技产业的深度融合。

三　注重试点示范带动

近年来，在广东省大力支持下，在多年来科技创新奠定的良好基础上，通过东莞市委市政府积极努力争取，东莞获得珠三角国家自主创新示范区、国家创新型城市、珠三角国家科技成果转移转化示范区等荣誉称号。通过各类试点示范，在科技金融产业融合、新型研发机构建设、高端科技人才引进、产学研深度融合、国际科技合作、创新创业孵化体系建设、知识产权运用和保护等方面，东莞开展了卓有成效的科技体制改革和机制创新，通过政策的先行先试，不断激发各类创新主体活力，打造优良创新创业环境，全面提升了区域创新体系整体效能。

四　注重重大平台打造

近年来，东莞抢抓建设粤港澳大湾区和全力支持配合深圳建好中国特色社会主义先行示范区的重大机遇，不断加大与深圳在科技产业方面的对接力度。特别是以松山湖科学城正式纳入大湾区综合性国家科学中心先行启动区为牵引，举全市之力推动松山湖科学城建设。聚焦打造具有全球影响力的原始创新策源地、新兴产业发源地、创新人才集聚地、知识产权示范地的目标，围绕重大原始创新策源地、中试验证和成果转化基地、粤港澳合作创新共同体、体制机制创新综合试验区四大定位，加快推进大湾区综合性国家科学中心先行启动区（松山湖科学城）建设。目前，松山湖科学城产业转化基地、国家级孵化器、科学家团队、科研人才等高端创新资源正在加速集聚，南方光源研究测试平台、散裂中子源二期、先进阿秒激光装置等大科学装置集群建设稳步推进，"源头创新—技术创新—成果转化—企业培育"的全链条创新体系正在加速形成。

第四节 粤港澳大湾区建设背景下东莞科技创新的短板和不足

近年来，虽然东莞在完善科技政策体系、提高创新能力、发展高新技术产业、建设创新创业载体、推进科技金融融合等方面取得了较大的进步，但与建设粤港澳大湾区科创中心要求相比、与大湾区先进城市相比、与自身经济总量相比，还存在源头创新能力有待提升、重点核心领域和关键技术有待突破、重大科技创新平台引领带动作用有待发挥、科技成果转移转化能力有待增强、高端创新资源吸引力有待提高等问题。

一 源头创新能力有待提升

习近平总书记强调，"自主创新是我们攀登世界科技高峰的必由之路"，"基础研究是整个科学体系的源头"，要"夯实世界科技强国建设的根基"。① 东莞是制造业大市，虽然近年来大力实施创新驱动发展战略并取得显著成效，但源头创新一直是东莞的短板，主要表现在基础研究投入不足、企业基础研究能力较弱、高水平大学和科研院所所承担重大科技项目较少、科研机构数量与先进城市差距较大等方面。一是从规上工业企业 R&D 经费支出结构看，2018 年规上工业企业 R&D 经费支出221.1 亿元，其中基础研究支出 0 元；应用研究支出 0.2 亿元，占0.1%；试验发展支出220.9 亿元，占99.9%。② 到了 2021 年，规上工业

---

① 《习近平谈治国理政》（第三卷），外文出版社，2020，第248、249 页。
② 东莞市统计局、国家统计局东莞调查队编《东莞统计年鉴2019》，中国统计出版社，2019，第273 页。

企业 R&D 经费支出 405.61 亿元，但是基础研究支出仅为 0.36 亿元，应用研究支出为 1.64 亿元，试验发展支出为 403.61 亿元。[①] 可见，规上工业企业 R&D 经费支出中，对于源头创新支撑作用强大的基础研究和应用研究经费支出与试验发展经费支出相比，几乎可以忽略不计。二是从重大科技计划项目数来看，相比先进城市有显著差距。2019 年，获得国家自然科学基金项目 60 项，资助金额 2160 万元，同比分别增长 62.2% 和 35.3%。其中，东莞理工学院获立项 42 项，资助金额 1450 万元，同比分别增长 55.6% 和 39.5%。[②] 虽然与自身相比进步较大，但与广州、深圳等先进城市相比差距还比较明显。2019 年，中山大学国家自然科学基金（理工科）立项 351 项，获资助金额 16720 万元，立项数排名全国第 3；深圳大学立项 239 项，获资助金额 10351 万元，立项数排名全国第 16。[③] 东莞全市国家自然科学基金立项数仅为中山大学的 1/6、深圳大学的 1/4。三是从研发机构数量来看，目前东莞只有 1 家国家重点实验室和 13 家省级重点实验室、1 家国家级工程技术研究中心和 497 家省级工程技术研究中心。[④] 而深圳目前已授牌诺奖实验室 11 家，国家、省、市级重点实验室、工程实验室、工程技术研究中心和企业技术中心等创新载体由 2010 年的 419 家增加到 2642 家，其中国家级 117 家、省级 957 家。[⑤]

[①]　东莞市统计局、国家统计局东莞调查队编《东莞统计年鉴 2022》，中国统计出版社，2022，第 271 页。

[②]　《东莞市科学技术局 2019 年科技创新工作总结》，东莞市科学技术局网站，http://dg-stb. dg. gov. cn/xxgk/ghjh/content/post_3005569. html。

[③]　《2019 年国家自然科学基金立项数排名，中山大学表现出乎意料!》，百度百家号"无忧文案"，https://baijiahao. baidu. com/s? id = 1642210131848274376&wfr = spider&for = pc。

[④]　《2022 年东莞市国民经济和社会发展统计公报》，东莞市统计局网站，http://tjj. dg. gov. cn/gkmlpt/content/4/4001/mpost_4001196. html#832。

[⑤]　王苏生、于海旭：《以科技创新为经济增长注入新动力》，《深圳特区报》2022 年 3 月 29 日。

二　重点核心领域和关键技术有待突破

近年来，东莞在战略性新兴产业某些领域已取得了技术突破，拥有一部分核心产品，但总体而言，新兴产业仍普遍缺乏真正掌握产业核心技术的链核企业，核心技术掌握不足，自主配套体系尚未建立，关键零部件、元器件仍然受制于国外，严重影响了东莞的产业安全和可持续发展。一方面，在高端电子信息产业领域，虽然东莞生产了全球1/5的智能手机，但智能手机的芯片、显示屏、操作系统等核心技术和关键零部件，都需要外部供给。另一方面，在高端装备产业领域，关键零部件的研发生产型企业仍然缺失。在机器人的减速器、控制器、传感器等核心零部件领域着力不够、创新层次不高，基本依赖外部采购，如精密减速器基本被日本的纳博特斯克、哈默纳科等企业垄断，伺服电机主要依赖日系的松下、安川和欧美系的倍福、伦茨等。在机器人三大核心零部件上，厂商的研发主要集中在技术门槛相对较低的控制器领域，技术门槛较高的减速器和伺服系统，基本处于空白状态。

三　重大科技创新平台引领带动作用有待发挥

松山湖高新区和滨海湾新区是东莞参与粤港澳大湾区和广深港澳科技创新走廊建设的两大核心区域。以松山湖高新区为例，从经济规模、高新企业数量、R&D经费投入等指标上看，松山湖高新区与国内一流高新区相比仍有一定差距。2021年，北京中关村产业总收入为8.4万亿元，对北京经济增长的贡献率超过30%；[①] 深圳高新区营业收入超2.2万亿元，对深

---

① 《先行先试 中关村示范区十年建设硕果累累》，《北京日报》2022年11月23日。

圳地区生产总值贡献率超过 30%。[①] 武汉、苏州、杭州、南京等城市高新区产业收入占地区生产总值比重平均都超过 10%。[②] 而截至 2020 年底，松山湖高新区实现生产总值 661.82 亿元，[③] 仅占东莞地区生产总值的 6.78%。截至 2021 年底，松山湖高新区共有国家高新技术企业 509 家，[④] 而同期北京中关村示范区有国家高新技术企业 1.58 万家，[⑤] 松山湖高新区与先进城市高新区相比差距明显。

四　科技成果转移转化能力有待增强

近年来，东莞科技成果转移转化能力不断提升，从技术合同及其实现金额上看，从 2015 年的 177 项、0.96 亿元增长至 2021 年的 356 项、67.79 亿元。[⑥] 但与先进城市相比，差距较大。2021 年，北京技术合同成交超过 9 万项、金额达 7005.7 亿元，[⑦] 上海技术合同成交约 3.7 万项、金额达 2761 亿元。[⑧] 从更具含金量的技术交易额占地区生产总值比重这一指标上看，2021 年东莞仅为 0.57%，而北京已经达到 17.40%，上海已达到 6.39%。[⑨]

---

① 沈婷婷：《深圳高新区位列国家高新区 2021 年度排名第二 营业收入超 2.2 万亿元》，《羊城晚报》2022 年 2 月 25 日。

② 数据来源：相关城市 2022 年统计年鉴。

③ 《松山湖高新技术产业开发区》，东莞市人民政府网站，http：//www. dg. gov. cn/zjdz/csts/content/post_1345674. html。

④ 郑国豪、陈启亮、张珊珊：《东莞松山湖科学城 从创新引擎迈向科学地标》，《南方日报》2022 年 10 月 11 日。

⑤ 《"中关村指数 2022"发布，2021 年中关村创新引领指数快速上升》，百度百家号"中国发展网"，https：//baijiahao. baidu. com/s？id=1752802811820616589&wfr=spider&for=pc。

⑥ 数据来源：《东莞统计年鉴 2016》《东莞统计年鉴 2022》。

⑦ 《7005.7 亿！2021 年北京技术合同成交额再创新高》，网易网，https：//www. 163. com/dy/article/H0OHQ5R505528OGT. html。

⑧ 《〈2021 上海科技成果转化白皮书〉动态篇：全市技术合同成交额超 2700 亿元》，网易网，https：//m. 163. com/dy/article/HGR 5T98L05528OGT. html。

⑨ 数据来源：根据《东莞统计年鉴 2022》《北京统计年鉴 2022》《上海统计年鉴 2022》数据计算。

五　高端创新资源吸引力有待提高

高端创新资源是实现制造业高质量发展的关键基础条件。与广州、深圳等一线城市相比，东莞在城市品质、城市格局、发展平台和营商环境等方面依然存在一定差距，对高端要素的集聚能力相对不足。目前，东莞人口素质总体偏低，明显低于广州、深圳等城市，难以适应高新技术产业的发展需求。资本市场发展滞后，风投、创投的发展水平与深圳等先进城市相比仍存在明显差距。上市企业数量与经济规模不匹配，深圳经济体量约为东莞的 3 倍，然而截至 2023 年 3 月，东莞境内外上市企业共 79 家，[①] 深圳共 535 家，[②] 深圳上市公司数量约为东莞的 7 倍。

第五节　东莞加强创新体系建设推动高质量发展的对策建议

东莞要全面贯彻党的二十大精神，以习近平新时代中国特色社会主义思想为指导，深入学习贯彻习近平总书记关于"科技是第一生产力、人才是第一资源、创新是第一动力"[③] 的重要论述精神，以高质量建设具有国际影响力的粤港澳大湾区科技创新中心、建设综合性国家科学中心、建设广深港澳科技创新走廊和国家创新型城市为目标，深入贯彻落实创新驱动发展战略，聚焦世界科技产业前沿，紧紧围绕制约科技创新的瓶颈和短

[①] 《东莞今年新增首家 A 股上市公司，境内外上市公司达 79 家》，百度百家号"南方 Plus"，https：//baijiahao. baidu. com/s？ id＝1759691388039000149&wfr＝spider&for＝pc。

[②] 《深圳：2022 年新增境内外上市公司 42 家，总数达 535 家》，百度百家号"界面新闻"https：//baijiahao. baidu. com/s？ id＝1756537233878914143。

[③] 《习近平著作选读》（第一卷），人民出版社，2023，第 28 页。

板，进一步加强科技创新政策体系、科技投入体系、重大载体体系、技术创新体系、高层次科技人才体系和科技成果转移转化体系建设，推动实现以科技创新为主要驱动力的内涵型高质量增长。

一　加强科技创新政策体系建设，进一步完善科技创新顶层设计

当前，东莞正面临"双区"和横琴、前海、南沙三大平台建设的重大机遇，建设具有全球影响力的国际科技创新中心、建设综合性国家科学中心、建设广深港澳科技创新走廊、建设国家自主创新示范区、建设国家创新型城市等一系列重大战略决策对东莞的科技创新提出了新要求、新目标、新任务。为此，东莞要聚焦全球科技产业前沿、聚焦激发创新驱动发展新动能、聚焦融合创新先行先试构建科技创新政策体系，进一步加强科技创新政策的顶层设计，加大部门协调力度，加大政策、资金、项目统筹力度，不断健全完善科技创新政策体系，力争打造集源头创新、技术创新、成果转化、企业培育于一体的具有东莞特色的区域创新政策体系。

（一）加强科技创新政策的顶层设计

要按照东莞科技创新发展规划，完善相关领域配套政策措施，为科技创新提供正确的方向性指引和明确的操作实施办法。围绕科技创新的重点工作任务，在重大平台建设、创新主体培育、创新产业发展、创新资源集聚、科技体制机制改革等方面，进一步完善财税、奖补、监管等配套措施，形成以科技创新推动高质量发展的政策体系。

（二）加大部门协调力度

科技创新是一项复杂的系统工程，涉及科技、工信、发改、商务、人社、金融、教育、统计等多个部门，为进一步深入实施创新驱动发展战略，加快推进国家创新型城市建设，东莞应进一步加大部门协调力度，使

各部门形成工作合力。一是建立东莞市科技创新工作领导小组。借鉴先进省市经验，进一步加强对科技创新工作的组织领导，成立市政府主要领导任组长、分管领导任副组长、相关职能部门负责同志为成员的市科技创新工作领导小组，统筹负责东莞市科技创新政策的实施，指导协调推动全市科技创新重大战略研究、重大政策安排、重大工作部署，确保科技创新重点任务落地落实。二是建立部门协同的工作机制。建立由科技部门牵头，工信、发改、商务、人社、教育、金融、统计等部门及行业协会参与的协同工作机制，细化各项工作任务，各部门各司其职，抓好分管领域政策制定、行业监管等工作，共同推动东莞科技事业进一步发展。三是加强部门间信息互通共享。目前，"信息孤岛"现象仍然存在，要进一步推动政务大数据应用，提高各职能部门间数据信息共享程度，建立包含科技项目、高新技术企业、科技从业人员、科研机构等信息的基础信息库，促进政务信息数据资源实时流动，以实现信息共享和业务协同，推动东莞科技创新大数据信息集成共享。

（三）加大资金、政策、项目统筹力度

以粤港澳大湾区和广深港澳科技创新走廊建设为契机，建设创新型一线城市，以提升企业自主创新能力为重点，以产业发展升级为方向，以创新载体建设为途径，以优化创新创业环境为基础，通过调整完善科技发展专项资金政策，建立符合新时代科技创新规律、高效精准的科技发展专项资金管理政策体系。一是进一步加大科技发展专项资金统筹力度，落实好研发费用税前加计扣除政策以及高新技术企业、重点领域开发项目、知识产权等相关补贴补助政策，支持科技创新进一步发展。二是进一步加大政策协同力度，发挥财政金融、就业社保、招商引资等各类政策在推动科技创新方面的积极作用。加强对国家、省、市出台的各项创新政策的宣传培训，建立政策落实督导体系，研究制定重大创新政策第三方评估机制，通过第三方评估优化创新政策体系。三是进一步加大项目管理力度。聚焦重点支柱性产业和战略性新兴产业等领域的关键共性技术和产业前沿技术的研发及应用，科学编制具有战略性、前瞻性、针对性的科技项目指导目录，深化细化项目资金管理办法，建立健全项目管理体系，强化重点项目绩效评价与管理，进一步增强东莞科技产业的核心竞争力，提升产业整体自主创新能力，提高财政资金使用效益。

二　加强科技投入体系建设，进一步优化资源配置

充分发挥市场在资源配置中的决定性作用和财政资金"四两拨千斤"的作用，通过优化财政科技投入方式，撬动金融资本、社会资本投向科技研发、成果转化领域，加快建立完善以政府投入为引导，企业投入为主体，银行信贷、资本市场融资和风险投资为支撑的多元化、多层次、多渠道的科技投入体系，形成推动科技创新的强大合力，推动全社会研发投入实现较快增长。

（一）进一步加大财政科技投入力度

充分发挥财政资金的引导作用，聚焦市场机制难以有效解决的公共科技活动，集中财力、突出重点，提高资金使用集中度。一是继续把科技作为财政支出的重点领域予以优先保障。充分发挥财政资金对科技创新的引导作用，市、镇财政要将科技支出作为预算保障的重点，在编制预算时，体现法定增长的要求，保证每年财政科技投入的增长幅度高于财政经常性收入的增长幅度，逐步提高财政科技投入占地区生产总值的比例，构建财政科技资金快速增长机制。二是统筹安排使用财政科技资金。引导和激励财政资金重点扶持市场机制不能充分发挥作用的领域，推动财政科技投入向研发活动倾斜。聚集"源头创新—技术创新—成果转化—企业培育"的创新链条，重点支持基础研究、重点领域研发项目、高端创新资源引进培育、重大创新平台建设、科技型企业培育、创新成果转移转化和科技体制

改革等。三是优化财政科技投入结构。系统梳理财政金融支持、人才支撑、创新载体建设、科技服务业发展等方面制约创新发展的瓶颈和短板，调整财政科技资金投入方向，找准主攻方向和突破口，强化对重点领域、重点行业的精准扶持，尤其是要围绕科技成果转移转化、科技金融产业融合、高端科技资源集聚、科技管理统筹协调等重点难点问题，针对不同类型项目分别采用竞争性分配、稳定支持、后补助、间接投入等支持方式，构建符合创新型一线城市要求和具有东莞特色的财政科技投入体系，为建设创新型一线城市提供精准政策保障和战略引领。

（二）建立健全促进企业增加科技投入的激励机制

企业是科技创新的主体，也是科技投入的主体，要综合运用各种政策工具，充分激励企业进行科技投入。一是鼓励企业加大研发投入力度。落实好激励企业进行研发投入的各项财税优惠政策，综合运用企业研发准备金制度等，加大对企业研发的扶持力度。切实落实科技企业税收优惠政策，推动更多企业享受国家高新技术企业所得税减免和研发费用税前加计扣除等优惠措施。出台激励企业增加研发经费投入的具体办法，采取多种方式给予研发经费占主营业务收入比重较高的企业奖励性支持，激发企业增加科技投入的积极性。二是鼓励和支持企业建设科技平台。鼓励和支持企业自建或与高校、科研院所共建技术创新中心、重点实验室、工程研究中心、产业共性技术研发基地等科技平台。制定和实施必要的优惠政策，推动新型研发机构提质增效。引导和鼓励重点企业在东莞建立研发中心或设立研发分支机构，吸引跨国公司来东莞设立研发机构。对已建立符合一定标准的技术研发机构的大中型企业，在资金、用地、项目等方面给予适当的政策倾斜。三是加强对高新技术企业和科技型中小企业的引导与服务。进一步推动高新技术企业树标提质，严格规定高新技术企业研发经费占年销售收入的比例；切实落实和保障高新技术企业按有关规定享受相关优惠政策；对符合条件的科技型中小企业，要积极鼓励和帮助其申报国家、省、市科技型中小企业技术创新基金项目。

（三）积极推动科技金融深度融合

强化财政科技资金的引导和撬动作用，推动科技金融深度融合，建设多元化、多层次、多渠道的科技投融资体系，推动资源向优质企业和行业集中，逐步形成政府引导、市场主导的科技资源配置模式。一是健全财政资金"拨、投、贷、补"联动投入机制。推广后补助、以奖代补、贴息补助、股权投资等资助方式，建立财政资金和金融、社会资本联合支持科技创新的投入模式。二是打造高水平科技金融服务平台。借鉴北京中关村科技创业金融服务集团有限公司、佛山市金融投资控股有限公司等经验做法，不断完善东莞科创金融集团科技金融服务功能，加快发展一批科技担保公司、创业投资公司、小额贷款公司、科技租赁公司、知识产权运营公司，打造股权投资、融资担保、融资租赁、中小企业信用管理等多元化、综合性的科技金融服务机构，构建全方位、多层次的科技金融服务体系。不断完善省科技金融综合服务中心东莞分中心的科技金融信息服务、政策服务、投融资服务、科技型企业认定、信用增值服务、专项申报协助、培训教育、创业路演等专业服务平台建设，为企业提供一站式、多元化、全方位的科技金融信息服务，打造政府、企业、投融资金融机构和专业科技服务机构等共同参与的科技金融服务平台。三是进一步提升科技金融服务能力和水平。继续探索和创新科技金融产业融合的新机制，不断扩大科技信贷、科技保险的惠及面，活跃创新创业投资氛围，促进股权投资、融资担保等新兴金融业态发展，引导科技金融服务企业研发创造、增资扩股、市场开拓等。积极开展科技金融对接活动，组织企业、金融机构等进行对接，扶持企业发展壮大，推进科技企业在科创板挂牌上市。运用大数据、人工智能等科技力量，创新科技企业专属服务体系，提升工作效率，降低经营风险及成本，精准支持科技创新，推动实现科技金融深度融合。

三　加强重大载体体系建设，进一步发挥引领带动作用

东莞应按照合作共赢的原则，加强与广深港澳的科技产业合作，高标准、高效能、高质量打造好松山湖科学城、滨海湾新区等科技创新重大战略平台载体，建设好集聚高端创新要素和先进制造业的强大引擎。

（一）加快推进松山湖科学城建设

东莞松山湖高新区是国家自主创新示范区，是广深港澳科技创新走廊的核心创新平台之一，松山湖科学城是国际性科创中心建设的核心组成部分，是综合性国家科学中心建设的重要布局。东莞要牢牢抓住松山湖科学城纳入综合性国家科学中心先行启动区的契机，举全市之力，加快松山湖科学城建设，携手深圳共建综合性国家科学中心。一是建立与深圳光明科学城的统筹合作机制。东莞要加强与深圳光明科学城及相关部门的沟通合作，建立联席会议制度和定期会商机制，定期协调和研究"两城"建设中的重大问题，统筹推进和布局"两个科学城"重点实验室、工程中心、研发中心、联合实验室等创新平台建设，统筹协调好相关学科体系和基础研究建设，促进两城"双核联动"，共同发力，联合打造重大原始创新策源地、中试验证和成果转化高地、粤港澳合作创新共同体、体制机制创新综合试验区。二是提升松山湖科学城大科学装置的创新引领作用。目前，松山湖科学城已集聚中国散裂中子源、4所高校以及30多家新型研发机构，正在建设松山湖材料实验室、南方光源研究测试平台、香港城市大学（东莞）等创新资源。在此基础上，东莞应主动参与综合性国家科学中心相关课题和方案的研究，加快探索散裂中子源等大科学装置的产业化应用和运作模式，加快推动散裂中子源二期、同步辐射光源、自由电子激光等后续重点项目建设，增强其科技牵引力、人才牵引力和产业集聚力，加快布局一批高端前沿产业，汇集高端科学

人才，建设粤港澳大湾区大科学装置集群，打造国家重大原始创新策源地，锻造东莞科技创新"内核"。三是加强与国内外顶尖创新资源的科技合作。充分发挥松山湖科学城大科学装置集群的集聚效应，推进重大科技基础设施和基础研究平台的开放共享，探索区域科技合作新模式，强化与中国科学院、广州、深圳、香港、澳门的科技合作，进一步提升自主创新能力和科技成果转移转化能力。积极主动融入全球创新网络，加强与国内外顶尖高校和科研机构的合作，联合开展重大科学原理研究和核心前沿科技攻关，力争突破并掌握一批颠覆性技术。

（二）高标准谋划建设滨海湾新区

东莞滨海湾新区位于粤港澳大湾区的核心圈层和咽喉之地，已被列为广深港澳科技创新走廊十大核心平台和粤港澳大湾区五大重点发展平台之一，是东莞未来高品质发展的战略依托，其功能定位和开发建设应站在国际湾区的战略高度来谋划。一是在发展总规划的理念和层级上要高度对接前海和南沙。加强规划引领作用，滨海湾新区发展总规划和基础设施、产业培育、生态品质、公共服务等专项规划，要与深圳前海、广州南沙保持同一水准。要吸引和支持国内尤其是广深港的大财团、研发型总部企业、实力雄厚的新城开发公司，对滨海湾新区进行整体开发，打造高品质建设样板。二是在功能定位上要着力打造粤港澳大湾区协同发展特色平台。紧紧围绕粤港澳大湾区协同发展特色平台的定位，打造东莞未来发展新引擎。吸引跨国公司总部和国际组织总部落户，集聚高端制造总部，发展现代服务业，建设战略性新兴产业研发基地，大力引进香港生产性服务业和高端服务业，探索与香港共建大湾区高新技术产业融资中心。三是在体制机制上要移植、延伸前海和南沙自贸区体制机制。加强与湾区的协同发展，推进与广东自贸区的全面对接，积极争取把滨海湾新区与前海、南沙一同打包，纳入自贸区一体化规划，使之成为广东自贸区的功能延伸区。滨海湾新区要不断移植、延伸前海和南沙自贸区政策，加快土地开发、产业发展、科技服务、投资管理、市场准入等政策的创新，与前海、南沙在科技资源、创新平台和科技服务等方面实现协作共建、共享共赢。

四　加强技术创新体系建设，培育高质量发展新动能

按照党的二十大提出的"完善科技创新体系"① 的要求，东莞要建立以企业为主体、以市场为导向、产学研深度融合的技术创新体系，补齐源头创新短板，强化企业创新主体地位，推动产学研协同创新。

（一）加强科学技术源头创新和核心技术攻关

东莞应充分发挥拥有重大科技基础设施的优势，坚持国家战略和科技前沿导向，推动核心技术攻关，力争实现高水平科技自立自强。一是前瞻性做好科技创新重点领域布局。围绕科技发展趋势和科学前沿，建立面向全球、面向全国的重大技术发现和挖掘机制，及时发现行业领先和颠覆性原创技术项目，立足东莞科技与产业发展基础，主动在可能产生革命性突破的移动通信、新材料、民用核技术、生物医药、先进能源、先进装备制造等热点领域进行超前规划布局，重点在5G通信、人工智能、集成电路、先进材料、元器件和关键装备等领域突破一批关键科技难题，带动产业向中高端水平提升，力争在全球新一轮科技竞争中赢得主动。二是加快推动大科学装置建设。充分发挥散裂中子源大科学装置的作用，推动在新材料、量子物理、能源环境、生命科学等领域开展前瞻性基础研究，实现引领性原创成果重大突破。以松山湖高新区为核心，高标准建设松山湖科学城，加快建设散裂中子源二期、自由电子激光、南方先进光源等大科学装置。积极推进粤港澳大湾区大科学装置集群建设，探索建立协同发展机

---

① 《习近平著作选读》（第一卷），人民出版社，2023，第29页。

制，与深圳光明科学城共同打造综合性国家科学中心，向港澳有序开放重大科研基础设施和大型科研仪器，为建设粤港澳大湾区科技创新中心提供重要支撑。三是推进关键领域核心技术攻关。重点围绕产业技术升级现实需求，研究制定核心技术发展目录，集成全社会创新资源，集中投向重点产业关键领域。每年遴选若干产业基础良好、增长潜力巨大、亟待科技突破的前沿领域高端环节，部署实施一批关键技术攻关专项，进行重点突破，加快突破一批国内领先、世界先进的核心关键技术，开发具有自主知识产权和自主品牌的重大战略产品，迅速形成新的核心竞争力，加快抢占产业科技发展制高点。鼓励发展众包、众创、众扶等新型研发模式，鼓励龙头骨干企业、国有企业、上市公司等有能力的企业采用"互联网+科技研发"的模式，开放大规模标准化产品的项目开发资源，依托互联网平台，以众包的方式加强科技分工和创新协作，实施科技攻关项目，解决关键共性技术问题。

（二）强化企业创新主体地位

充分发挥企业在推动产学研深度融合过程中的主体作用，大力培育高新技术企业，引进培育大型龙头骨干企业，积极培育中小微科技企业，实现创新型企业数量和质量全面提升。一是大力培育创新型企业。深入实施高新技术企业"树标提质"行动，推动高新技术企业实现从"数量优势"到"质量优势"的转变。大力培育研发能力强、创新人才集聚、拥有自主知识产权、成果转化效益好的百强创新型企业，鼓励其发挥技术攻关、产学研合作、科技成果转化的带头作用，通过强强联合、上下游整合等方式成为具有核心竞争力的领军型企业。引导企业拓宽全球视野，鼓励企业并购、合资、参股国际研发企业，设立海外研发中心和产业化基地，参加国际研发组织，承担一批国际科技项目，提升企业研发活动的层级和水平。二是引进培育大型龙头骨干企业。面向国内外加大招商力度，建立招商引资"项目源"大数据库，招引更多技术含量高的大型跨国公司、民营企业和央企落户东莞。依托重点龙头骨干企业，建设一批高水平的国家级、省级和市级工程技术研究中心、重点实验室、企业技术中心、院士工作站、博士后工作站等研发机构。加快龙头骨干企业上市步伐，鼓励企业通过资本市场做大做强。三是建设完善孵化育成体系。鼓励孵化载体加快构建"众创空间—孵化器—加速器—产业园"全链条孵化体系，构建"体系+空间+生态+众筹+基金+平台+培训"七位一体的企业培育模式，依托政府引导资金，支持社会资本参与，支持国内外创业投资资本、机构及管理团队设立天使投资基金、创新创业投资基金，引导各类基金优先投向市内初创期、成长期创新型企业。

（三）推动产学研协同创新

围绕产业技术发展的重点方向，推动企业与高校、科研院所全方位开展产学研合作，推动新型研发机构提质增效。一是深化产学研合作。围绕东莞产业发展的重点领域和关键技术，推动企业与高校、科研院所开展战略合作，建立产学研深度融合长效机制，支持企业与高校、科研院所共建产业技术创新联盟、院士工作站、特派员工作站等产学研合作创新平台，加快构建市场化导向的协同创新体系。结合东莞各专业镇发展实际，积极推动"一镇一校"合作计划，加强各专业镇龙头企业与高校院所"强强联合"。二是进一步加快新型研发机构提质增效步伐。加大新型研发机构与产业发展、市场需求的对接力度，聚焦成果转化、产业孵化、市场化运营、行业服务，大力支持新型研发机构提升技术创新能力、人才培养能力、成果转化能力、服务产业能力。鼓励境内外高校、科研院所、企业、社会团体及个人以多种形式创办新型研发机构，引导国有科研机构参与新型研发机构建设，鼓励企业研究院发展为新型研发机构，引导专业镇以企业为主体建设新型研发机构，支持民间非营利研发组织、产业创新联盟等建设新型研发机构。鼓励新型研发机构结合高校优势学科、相关外部资源、产业发展需要建设高水平科研平台，实施关键核心技术攻关项目，力争突破一批"卡脖子"核心技术，取得一批产业带动性强、技术自主可控的重大原创性科技成果。三是推动重大科技项目落地东莞。鼓励支持高校、企业或科研院所积极承担或参与国家重点研发计划、重大科技专项、重大平台建设项目、中小企业创新基金项目以及省各类重大项目，对其承担的科研项目给予重点扶持。要精心组织实施市重点领域研发项目，紧紧围绕五大领域十大产业的"卡脖子"技术需求，聚焦塑造发展新动能，制定重点领域关键项目库和技术目录，突出支持重点、创新扶持方式，做到有的放矢、精准发力，促进项目与产业需求精准对接，集中力量办大事。

五　加强高层次科技人才体系建设，进一步打造科技创新人才高地

人才一直是东莞科技创新领域的短板，建设具有全球影响力的国际科技创新中心、建设综合性国家科学中心、建设广深港澳科技创新走廊都离不开高层次科技人才的支撑。为此，东莞应以更大的魄力、更优的政策和环境，加快聚集一支规模庞大、富有创新精神、勇于承担风险的高层次科技人才队伍。

（一）深化人才发展体制机制

与广州、深圳等大湾区先进城市相比，东莞在城市层级、科技基础、科研环境等方面都不具备优势，东莞应以深化有利于人才发展的体制机制为突破口，力求在高层次科技人才竞争中占得先机。一是进一步优化引才用才机制。聚焦新一代电子信息、高端装备制造、新能源、新材料、生物医药等有基础、有优势、能突破的重点领域，坚持全球视野，建立国际通行的用人主体发现、国际同行认可、大数据测评的高峰人才遴选机制，重点引进重点产业首席科学家，借助首席科学家组成的产业发展顾问团，"以才引才""以才育才"。赋予高端创新型人才用人权、用财权、用物权和技术路线决定权、内部机构设置权，最大限度地放权松绑，更好地激发

他们的活力和创造力，为建设高精尖的科技人才队伍提供引领。二是推进人才评价、激励机制改革。深化职称制度改革，逐步推动高等学校、科研院所、新型研发机构等企事业单位自主开展职称评审，自主评审结果改为事后备案管理。完善落实科研人员成果转让转化收益奖励政策、重要科研人员和经营管理人员股权激励政策以及自主创新示范区股权激励税收优惠政策，不断激发科研人员创新活力。将专利创造、标准制定及成果转化作为职称评审、绩效评价和考核激励的重要依据，引导科技型创新人才把主要精力放在技术研究和开发运用上，推动技术创新。推动高校、科研院所和企业创新人才相互交流，为科研人员营造良好的创新创业环境。三是健全人才引进培育机制。科技产业融合紧密是东莞与广州、深圳相比的突出优势。为此，东莞应依托华为、散裂中子源等龙头企业、重大科技基础设施，加快培养一批相关领域的创新型高端人才。建立完善高层次人才引进工作体系和高层次人才信息库，主动加强与欧美发达国家、共建"一带一路"国家、粤港澳大湾区先进城市的人才交流合作，制定完善人才引进目录，按照"柔性引才""靶向引才"原则，引进对全市产业发展有重大影响、能带来重大经济效益和社会效益的高层次人才、团队和项目。注重将团队引进与产业发展规划相结合，与近中远期目标相结合，与提升自主创新能力相结合，与创新载体建设相结合，与投入方式改革相结合，通过赴海外举办招才引智推介会、招聘会等活动，开展高品质的国际人才引进，促成海外高层次人才、引智项目落地东莞。提升高层次人才活动周国际化水平，搭建高规格的国际技术、人才和项目展示交流合作平台。

（二）优化高层次人才创新创业生态

东莞应向广州、深圳等大湾区先进城市看齐，针对人才服务领域短板，进一步提高人才综合服务水平，营造有利于高层次人才创新创业的环境。一是探索多元化投入方式。在巩固优化现有各类人才补贴、资助政策基础上，充分发挥政府资金引导作用，成立服务高层次人才引进和助力人才创新创业的政府引导性创投基金，并通过知识产权证券化、股权众筹等模式，加强对创新创业人才和团队的支持，不断优化高层次人才创新创业生态。二是完善人才配套服务体系。构建全市统一的人才综合服务平台，整合相关部门的人才认定、项目申报、配套待遇落实、创业扶持服务等职能，建设全市统一的人才基础信息库，进一步简化优化人才服务流程，通过提供"一站式"专业服务，提高人才服务效率。借鉴深圳"鹏城优才卡"和东莞"倍增卡"经验，建立高层次人才服务"一卡通"制度，人才凭卡可直接到综合服务平台或相关部门办理调入关系转接、本人及家属落户、配偶就业、子女入学、医疗社保、人才安居、居留和出入境证件申请、自用物品进境免税证明、创业扶持等业务。三是优化定制化配套服务。围绕全球顶尖高端创新型人才的事业发展、社会保障、生活服务等方面，按照"量身定制，一人一策"的办法，以个性化政策解决个性化问题，解除高端创新型人才及其团队的后顾之忧。

（三）加大高层次人才对产业发展的支撑力度

针对目前东莞高层次人才存在的植根性弱、产业引领作用不显著、项目产业化成效有待进一步提升等问题，要以产业需求为导向，加强产业链、创新链与人才链的融合，实现人才集聚与产业发展"同频共振"。一方面，提升高层次人才对重点产业的支撑力。突出产业导向，紧密围绕新一代信息技术、高端装备制造、新能源、新材料、生物医药等重点发展的新兴产业，瞄准产业链的核心技术节点和薄弱环节，引进培育一批水平领先、分工明确、优势互补的人才团队，打造重点产业高端人才的"聚集部落"和"火力军团"，为产业发展提供全链条的技术支撑。注重团队间的协同创新，加强同一产业领域团队间的沟通协作，针对产业共性技术难题开展联合攻关，形成资源共享、互补有无的产业联盟，填补产业关键技术空白。另一方面，提升人才项目产业化服务水平。加强对高层次人才项目用地、厂房、实验设施等的要素供给，为高层次人才提供产品生产、企业管理、市场营销等方面的创业辅导，帮助其项目拓宽产品市场渠道，加快项目产业化进程，助力项目实现经济效益。提高金融服务水平，解决财政资助经费使用中重设备轻用人的问题，避免套用财政预算和工程财务管理的方法把资金管死。探索将后续奖励经费提前到项目实施中期预支，并由种子基金以"拨投联动"方式给予股权融资支持，以及由银行以"拨贷联动"方式给予信贷融资支持；鼓励高层次人才和用人单位通过引入创投机构、资本上市、信贷融资等方式解决项目的资金需求。

六　加强科技成果转移转化体系建设，进一步促进科技经济融合发展

以建设珠三角国家科技成果转移转化示范区为契机，大力构建完善科技成果转移转化体系，实行最严格的知识产权保护制度，促进国内外优质科技成果在东莞落地转化。

（一）大力推动科技成果转移转化

一是细化科技成果转移转化的相关政策措施。根据建设国家创新型城市的实施意见和科技成果双转化的行动计划，细化科技成果转移转化的相关政策，通过技术合同交易额补助、技术转移机构资金支持、成果对接活动和人才培训补贴等扶持措施，大力构建完善科技成果转移转化体系，促进国内外优质科技成果在东莞落地转化。二是完善科技成果转移转化体制机制。充分发挥珠三角国家自主创新示范区享受政策先行先试的优势，全面落实国家自主创新示范区相关政策，借鉴北京中关村、武汉东湖高新区、上海张江等国家自主创新示范区科技成果转移转化试点成功经验，加快完善科技成果转移转化机制。鼓励通过托管等方式，委托第三方专业技术转移机构开展科技成果许可、转让、投资等相关工作。加快建立科技成果市场化定价机制，通过协议定价、挂牌交易、拍卖等市场化方式确定科技成果价格。落实市财政资金出资组建的高校院所的科技成果自主使用

权、处置权和收益分配权，完善科技成果评价制度和定价机制，做好技术合同登记、科技成果登记和科技成果奖励工作。加快建立科技成果转移转化监管机制，建立由主管部门、财政部门、项目管理机构、科研单位各个层次相互衔接的科技成果转移转化年度报告制度。借鉴长三角先进城市的有益经验，加快完善科技成果跨区域转移转化制度，提升重大科技成果转化和产业化的整体效能。三是加快推动科技成果转移转化载体建设。加快粤港澳大湾区科技成果转化中心建设，积极对接广深港澳四地科技成果转化数据库、知识产权交易和专利展示平台、国家技术转移中心，打造有利于技术成果转移转化的综合生态系统。建设好国家、省院士成果转化基地，建立院士成果与企业市场对接机制，加快引进培养一批高层次的技术转移服务机构和熟悉技术转移转化全流程工作的技术经纪人，协调重大科技成果供需双方，实现快速有效对接。进一步完善新型研发机构和高等院校技术成果转移转化系统，建立健全科技成果信息汇总机制、成果转化激励机制、成果评价机制和技术交易机制，构建统一互联的技术成果信息系统。

（二）着力完善知识产权保护和激励机制

以建设国家知识产权强市为引领，坚定不移实施知识产权战略，大力提升知识产权创造、运用、保护和管理能力，着力改革完善知识产权管理体制机制，全面提升知识产权保护力度、水平和效率。一方面，完善知识产权保护机制。紧扣创新发展需求，发挥专利、商标、版权等知识产权的引领作用，打通知识产权创造、运用、保护、管理、服务全链条，建立高效的知识产权综合管理体制，构建便民利民的知识产权公共服务体系，探索支撑创新发展的知识产权运行机制，推动形成权界清晰、分工合理、责权一致、运转高效的知识产权体制机制。另一方面，完善知识产权激励机制。积极实行以增加知识价值为导向的分配政策，提高科研人员成果转化收益分享比例，探索对创新人才实行股权、期权、分红等激励措施。支持高新技术企业及创新型企业通过研发获得国内、欧美日发明专利和 PCT 境外发明专利，对在专利运用、管理、保护方面取得明显成效的企业给予资助，对获得国家、省专利奖的企业给予奖励。支持高新技术企业建立产业知识产权联盟，鼓励产业知识产权交叉许可和共享使用，加大知识产权保护力度。

第七章　东莞建设大湾区先进
制造业中心的研究

　　建设粤港澳大湾区，是习近平总书记亲自谋划、亲自部署、亲自推动的重大国家战略。近年来，东莞深入学习贯彻习近平总书记关于粤港澳大湾区建设的重要论述和《粤港澳大湾区发展规划纲要》精神，贯彻落实省委工作部署，按照市委工作思路，把推动"科技创新+先进制造"作为当前及今后一个时期的价值追求，积极推动大湾区先进制造业中心建设，奋力打造具有全球影响力和竞争力的电子信息等世界级先进制造业产业集群。

　　东莞建设大湾区先进制造业中心，既是《粤港澳大湾区发展规划纲要》对东莞提出的目标要求，也是东莞构建现代产业体系的需要。一方面，建设大湾区先进制造业中心是东莞参与大湾区建设的总体定位。《粤港澳大湾区发展规划纲要》提出，"以深圳、东莞为核心在珠江东岸打造具有全球影响力和竞争力的电子信息等世界级先进制造业产业集群"。在参与大湾区建设、融入大湾区城市群发展过程中，东莞要立足制造业这一根本，与大湾区先进城市实现优势互补、错位发展，打造大湾区先进制造业中心，推动构建大湾区产业梯度互补发展格局。另一方面，建设大湾区先进制造业中心是东莞构建现代产业体系的需要。发展先进制造业是制造业转型升级的重要途径，目前东莞产业体系的突出短板是，起支撑作用的支柱产业单一，缺乏价值链高端环节和核心技术。东莞必须坚持制造业立市不动摇，面向未来抢占产业发展制高点，瞄准新一代信息技术、高端装备制造、新材料、新能源、生命科学和生物技术等领域，打造新的千亿级产业集群，把发展经济的着力点放在构建以先进制造业为主体的现代产业体系上，大力打造大湾区先进制造业中心，加快推动产业向价值链高端攀升。

第一节　东莞建设大湾区先进制造业中心的基础条件与制约因素

一　东莞建设大湾区先进制造业中心具有良好的优势和基础

建设大湾区先进制造业中心，是发挥东莞制造业优势、开拓产业发展新空间、推动产业迈向全球价值链中高端的必然选择。近年来，东莞坚持将发展经济的着力点放在实体经济上，并充分发挥地理区位、产业配套等方面的优势，通过规划引领，积极发展先进制造业和高技术制造业；通过实施"倍增计划"，培育龙头骨干企业；通过强化服务，大力完善制造业产业链及配套服务；通过科技产业融合发展，不断提升科技创新的引领能力。这些举措为东莞建设大湾区先进制造业中心奠定了良好的基础。

（一）先进制造业和高技术制造业已成为东莞工业发展的重要支柱

近年来，东莞积极主动适应经济发展新常态，坚持把制造业作为城市发展的最主要动力，通过规划引领，积极推动制造业转型升级，加快发展先进制造业和高技术制造业，产业结构持续优化调整，转型升级总体取得较好成效。在智能制造方面，东莞出台了《"东莞制造2025"规划》《关于大力发展机器人智能装备产业打造有全球影响力的先进制造基地实施方案》等政策文件，为推动智能制造业发展制定了一系列具体可行的配套政策和实施方案，有效引导了制造业的改造升级；在战略性新兴产业方面，东莞出台了《关于促进东莞市战略性新兴产业发展的实施方案》等政策，明确提出了着力培育新一代信息技术、高端装备制造、新能源汽车、新材料、生物产业、节能环保、增材制造等七大战略性新兴产业；在重点新兴产业方面，东莞制定了《东莞市重点新兴产业发展规划（2018—2025年）》，提出聚焦新一代信息技术、高端装备制造、新材料、新能源、生命科学和生物技术等五大重点新兴产业领域和重点突破的十大产业，积极构建重点突出、布局合理、质量效益显著的重点新兴产业发展新格局，预计到 2025 年，重点新兴产业规模年均增长 18.6%以上，总规模超过 40000亿元，建成有全球影响力的先进制造业中心和创新型城市。当前，东莞工业结构持续优化，向中高端演进的态势明显。

近年来，东莞先进制造业、高技术制造业发展持续加快，规上先进制造业增加值从 2015 年的 1208.6 亿元[1]增至 2021 年的 2683.29 亿元，[2] 占规上工业增加值比重从 2015 年的 46.3%提升至 2021 年的 51.7%。[3] 高技术制造业增加值从 2015 年的 869.18 亿元[4]增至 2021 年的 1962.29 亿元，[5] 占规上工业增加值比重从 2015 年的 33.3%增至 2021 年的 37.8%。[6] 在中国十大工业城市排名中，东莞名次逐年攀升，2022 年更是成功跻身前十，排

---

[1]　东莞市统计局、国家统计局东莞调查队编《东莞统计年鉴 2016》，中国统计出版社，2016，第 158 页。

[2]　东莞市统计局、国家统计局东莞调查队编《东莞统计年鉴 2022》，中国统计出版社，2022，第 141 页。

[3]　数据来源：根据《东莞统计年鉴 2016》《东莞统计年鉴 2022》数据计算。

[4]　东莞市统计局、国家统计局东莞调查队编《东莞统计年鉴 2016》，中国统计出版社，2016，第 161 页。

[5]　东莞市统计局、国家统计局东莞调查队编《东莞统计年鉴 2022》，中国统计出版社，2022，第 144 页。

[6]　数据来源：根据《东莞统计年鉴 2016》《东莞统计年鉴 2022》数据计算。

名全国第九，这说明东莞已初步探索出一条产业结构优化升级、新旧动能加速转换的高质量发展之路。

（二）先进制造业产业集群已初步形成

先进制造业是现代产业体系的支柱，加快培育世界级先进制造业集群是增强制造业核心竞争力、优化制造业布局、加快制造业结构调整的需要，也是落实《粤港澳大湾区发展规划纲要》中"以深圳、东莞为核心在珠江东岸打造具有全球影响力和竞争力的电子信息等世界级先进制造业产业集群"这一目标任务的需要。近年来，东莞积极把握产业变革机遇，聚焦新型显示、新材料、新能源汽车、生物医药、第三代半导体、第五代移动通信网络等新兴产业领域，大力推进重大产业项目招引和落地建设，着力培植和打造若干个新的世界级先进制造业集群，加快构筑产业体系新支柱，构建更加均衡多元的产业发展格局。据统计，截至 2021 年，东莞有高端电子信息制造业企业 1436 家、高端装备制造业企业 2150 家、石油化工产业企业 415 家、先进轻纺制造业企业 1858 家、新材料制造业企业 1953 家、生物医药及高性能医疗器械产业企业 84 家，[①] 基本形成了以电子信息产业为龙头、高端装备制造业为主体、新兴产业多点启动的产业格局。在高端电子信息制造业领域，2021 年增加值为 1382.89 亿元，占东莞规上先进制造业增加值比重达到 51.54%，高端电子信息制造业已成为东莞先进制造业的绝对支柱；在高端装备制造业领域，2021 年增加值为 805.37 亿元，占东莞规上先进制造业增加值比重约为 30%，是东莞先进制造业的另一个支柱产业；在石油化工领域，2021 年增加值为 109.64 亿元，占东莞规上先进制造业增加值比重约为 4.08%；在先进轻纺制造业领域，2021 年增加值为 198.07 亿元，占东莞规上先进制造业增加值比重约为 7.38%；在

---

① 东莞市统计局、国家统计局东莞调查队编《东莞统计年鉴 2022》，中国统计出版社，2022，第 141 页。

新材料制造业领域，2021 年增加值为 372.36 亿元，占东莞规上先进制造业增加值比重约为 13.88%；在生物医药及高性能医疗器械领域，2021 年增加值为 62.70 亿元，占东莞规上先进制造业增加值比重约为 2.33%。[①] 2022 年，东莞市智能移动终端集群、广深佛莞智能装备集群、佛莞泛家居集群成功入选国家先进制造业集群名单。

（三）先进制造业产业链日趋完善

产业链齐全是东莞打造大湾区先进制造业中心的核心优势。东莞制造业门类齐全，产业配套完善，在全部 31 个制造业大类中，仅缺失烟草制品业，拥有 30 个制造业门类，形成了涉及 6 万多种产品的完整制造业体系。在电子信息、高端装备制造、生命科学和生物技术等战略性新兴产业领域，越发显示出制造业链条完整的优势，即便在新冠疫情冲击下，依然保持良好的发展态势。在电子信息制造业方面，形成了包括上游原材料厂商、中游硬件制造商以及下游品牌终端厂商在内的各环节协同发展的完整体系，"品牌+代工+配套"的产业生态模式日趋成熟。拥有华为终端、OPPO、vivo 等行业领先的智能手机龙头企业，涌现出宇瞳光学、凯格精机等国家级制造业单项冠军企业，宜安科技的液态金属、德丰电创科技的电动工具开关等成为国家级制造业单项冠军产品。在高端装备制造业方面，依托广东省智能机器人研究院和松山湖国际机器人研究院等产学研平台，集聚了拓斯达、伯朗特、速美达、李群自动化、天机、松庆智能等一批新崛起的机器人及智能装备企业，初步形成了相对较为齐全的机器人产业链生态圈。在生命科学和生物技术产业领域，聚集了东阳光药业、众生药业、毅达医疗、博奥木华、优尼德、菲鹏生物等一批生物医药创新企业，建立了省医疗器械质量监督检验所分中心、省医学分子诊断重点实验室等

---

① 东莞市统计局、国家统计局东莞调查队编《东莞统计年鉴 2022》，中国统计出版社，2022，第 141 页。

产业技术公共服务平台。

（四）科技创新的引领能力逐步提高

近年来，东莞大力实施创新驱动发展战略，全力参与大湾区国际科技创新中心、综合性国家科学中心和广深港澳科技创新走廊建设，以建设珠三角国家自主创新示范区、国家创新型城市、国家科技成果转移转化示范区等为契机，着力打造滨海湾新区、松山湖高新区、水乡新城、银屏合作创新区等重大科技产业载体，实施高新技术企业"树标提质"、新型研发机构"提质增效"、企业研发机构"全覆盖"等行动计划，加快构建源头创新、技术创新、成果转化、企业培育的"四大创新体系"，不断完善科技创新政策体系，优化创新创业环境，推进科技体制改革，集聚高端创新资源，为建设大湾区先进制造业中心奠定了良好的科技基础。根据首都科技发展战略研究院发布的《中国城市科技创新发展报告（2022）》，东莞科技创新发展指数在全国排名第16。[①] 2022年，东莞市全社会R&D投入强度约为4.0%，居全省第2；东莞创新人才指数排名全国第17，居全省第3；国家高新技术企业数量超过9000家，居全省地级市第1；企业研发投入占全社会研发投入比重超过80%；中国散裂中子源二期、先进阿秒激光设施纳入国家重大科技基础设施"十四五"规划。[②]

（五）总部经济发展势头良好

发展总部经济，承接制造业和服务业的高端环节，吸引国内外具有总部性质的企业在东莞市集聚发展，对提升东莞在国际分工中的地

[①] 《东莞排名第16！2022年中国城市科技创新发展指数排名发布》，东莞市人民政府网站，http://www.dg.gov.cn/jjdz/dzyw/content/post_3956602.html。

[②] 向连：《〈中国城市科技创新发展报告（2022）〉发布2022年东莞科技创新指数排名全国第16》，《东莞日报》2023年2月15日。

位，进一步增强东莞综合竞争力具有积极作用。近年来，东莞以推动经济高质量发展为目标，以加快推动经济形态现代化、高端化、国际化为方向，坚持培育和引进相结合，着力构建有利于总部经济发展的要素生态和供给体系，加快发展一批具有区域竞争力和辐射带动力的总部企业，促进总部经济集聚发展。东莞制定了《东莞市总部企业认定和扶持政策实施细则》，从土地、融资、人才、服务等多方面给予总部企业政策倾斜，明确引进和培育的重点，大力吸引外资企业的专业职能总部，如研发中心、营销中心、检测中心、采购中心、培训中心、物流配送中心等，重点培植本土特色产业民营企业总部，鼓励有实力的民营企业走出去，在外建设新的生产基地，把研发、营销、人才、品牌等根植东莞。

二 东莞建设大湾区先进制造业中心存在短板

近年来，虽然东莞在发展高新技术产业、发展产业配套服务、推动产业集群发展、推动科技产业融合发展、推动总部经济发展等方面取得了较大的进步，但与建设大湾区先进制造业中心的要求相比、与先进城市相比、与自身经济总量相比，还存在主导产业过度单一、产业层级总体偏低、核心技术掌握不足、土地供需矛盾凸显及综合配套服务急需改善等问题。

（一）主导产业过度单一

当一个地区的经济科技发展过于依赖某一产业时，虽然在某一时期会得益于该产业的发展而实现经济的迅速增长，但也会导致该地区经济抵御风险的能力降低，产业结构单一隐含较大的不确定性和风险。当前东莞制造业发展仍主要依赖于电子信息产业，2021 年先进制造业中仅有高端电子信息制造业增加值突破 1000 亿元大关，高端装备制造业增加值刚刚超过

800 亿元，二者占东莞规上先进制造业增加值的比重约为 82%。① 与深圳新一代信息技术、数字经济、高端装备制造三大千亿级战略性新兴产业和若干百亿级新兴产业发展格局相比差距较大。同时，生物医药、新材料、新能源等新兴产业虽然增长速度较快，但在整个制造业中的占比较小，新材料制造业增加值尚未达到 500 亿元，石油化工产业、先进轻纺制造业增加值尚未达到 200 亿元，生物医药及高性能医疗器械产业增加值仅为 62.70 亿元，② 尚未形成新的经济增长点。

（二）产业层级总体偏低

东莞产业转型升级已取得了显著成效，但价值链的突破升级仍需时间，与发达国家和地区相比，产业层级总体仍然偏低，产业质量效益有待提升。目前，东莞单位经营性产业用地的 GDP 产出仅为周边中心城市的 1/3，规模以上工业增加值率长期保持在 20% 左右，未能得到有效提升，远低于先进国家和地区 35% 左右的水平，在全省排名中位列末端。近几年，在新冠疫情冲击下，东莞企业经营困难进一步加剧，许多行业企业出现负增长。尤其是出口依存度较高的传统产业，如纺织服装、玩具、家具等产业，受全球疫情蔓延、国际物流中断、订单取消的影响，处境尤为艰难。2022 年，东莞规上工业增加值同比下降 1.3%。高技术制造业增加值同比下降 0.4%，其中电子及通信设备制造业下降 3.7%；先进制造业增加值同比下降 3.3%，其中高端电子信息制造业下降 6.3%、石油化工产业下降 1.8%、先进轻纺制造业下降 4.6%、新材料制造业下降 5.8%；传统优势产业增加值同比下降 2.7%，其中纺织服装业下降 9.2%、家具制造业下降 4.6%、建筑材料业下降 6.0%、家用电力器具制造业下降 13.0%。③ 可

---

① 数据来源：根据《东莞统计年鉴 2022》数据计算。
② 数据来源：《东莞统计年鉴 2022》。
③ 《2022 年东莞市国民经济和社会发展统计公报》，东莞市统计局网站，http://tjj.dg. gov.cn/gkmlpt/content/4/4001/mpost_4001196.html#832。

见，东莞工业经济仍处于低迷状态，下滑颓势仍未扭转，增长动能还不够强劲。

（三）核心技术掌握不足

近年来，东莞在战略性新兴产业某些领域已取得了技术突破，拥有一部分核心产品，但总体而言，新兴产业仍普遍缺乏真正掌握产业核心技术的链核企业，核心技术掌握不足，自主配套体系尚未建立，关键零部件、元器件仍然受制于国外，严重影响了东莞的产业安全和可持续发展。在高端电子信息产业领域，虽然东莞生产了全球1/5的智能手机，但智能手机的芯片、显示屏、操作系统等核心技术和关键零部件，都需要外部供给。在高端装备产业领域，关键零部件的研发生产型企业仍然缺失。在机器人的减速器、控制器、传感器等核心零部件领域着力不够、创新层次不高，基本依赖外部采购，如精密减速器基本被日本的纳博特斯克、哈默纳科等企业垄断，伺服电机主要依赖日系的松下、安川和欧美系的倍福、伦茨等。在机器人三大核心零部件上，厂商的研发主要集中在技术门槛相对较低的控制器领域，技术门槛较高的减速器和伺服系统，基本处于空白状态。

（四）土地供需矛盾凸显

由于东莞多年以来的经济发展模式较为粗放，对土地资源的利用效益不高，土地资源已极为短缺。目前，东莞土地开发强度已逼近50%的生态极限，远超国际公认的30%的临界点。同时，东莞土地利用效率偏低，由于早期缺乏统一的规划控制，各镇村用地形态分散，全市土地空间碎片化问题突出。部分优质企业由于产品符合市场需求，增长势头十分强劲，存在增资扩产的迫切要求，但当地的用地空间十分有限。土地资源严重紧缺与重点企业新增土地需求旺盛之间的矛盾日益凸显，成为制约东莞优质制造业企业做大做强的一个重要因素。产业空间布局碎片化，土地资源整合难度大，难以适应高技术制造业集约发展的要求。特别是，广东省已明确从 2018 年起，除省重大平台、重点基础设施和民生保障项目外，不再向珠三角地区直接下达新增用地指标，只能通过三旧改造、拆旧复垦、申购复垦指标等获得奖励用地计划指标。这一系列严峻的情况影响和制约着东莞土地的综合集约利用，如不能及时有效加以解决，东莞土地资源将难以承载大湾区先进制造业中心建设。

（五）综合配套服务急需改善

在医疗卫生领域，由于东莞公立医疗机构在编人员平均薪酬远低于周边珠三角城市平均水平，一大批中高层次的医务人员流失，严重制约了全市医疗卫生服务质量的提升。在交通领域，东莞存在轨道交通建设资金压力大、拥堵加剧、出行结构失衡、公交竞争力弱、出行品质不高等问题。在产业平台建设上，东莞只有松山湖高新区发展较为成熟，目前滨海湾新区、粤海银屏合作区、水乡新城等平台建设工作进展还不够快。在人才服务方面，东莞人才政策相比周边城市吸引力不强，在服务上也缺少特色，对人才吸引力不足。

第二节　东莞建设大湾区先进制造业中心的基本思路

国家高标准规划实施粤港澳大湾区建设战略，为东莞开创改革开放新局面提供了重大的历史机遇，东莞要按照《粤港澳大湾区发展规划纲要》的要求，发挥自身制造业基础、产业配套、对外开放、科技创新能力、产业人才、营商环境、城市区位等方面的优势，进一步统筹推进传统产业转型升级，加快构筑产业体系新支柱，培育世界级先进制造业集群，打造具有全球影响力和竞争力的先进制造业中心。

一 发展目标：从世界工厂向世界级制造业中心转变

制造业是工业经济的"脊梁"，制造业的水准是衡量一个地区工业发展综合实力的重要标志。当前，制造业已成为东莞实体经济的重要基石。习近平总书记在 2023 年 4 月视察广东时指出"中国式现代化不能走脱实向虚的路子，必须加快建设以实体经济为支撑的现代化产业体系"。① 为此，东莞应更加重视发展实体经济，加快推动产业转型升级，按照《粤港澳大湾区发展规划纲要》提出的"打造具有全球影响力和竞争力的电子信息等世界级先进制造业产业集群"目标，继续发挥制造业发达、产业链齐全的优势，推进产业基础高级化、产业链现代化，大力发展先进制造业，加强大湾区产业对接，提高协作发展水平，在珠江东岸打造具有全球影响力和竞争力的电子信息等世界级先进制造业产业集群，打造世界级先进制造业中心，以更高层次、目标参与大湾区城市群协同发展。

二 发展动力：从要素驱动向创新驱动转变

先进制造业作为战略性产业在国民经济中占有重要地位，是研发投入最集中、技术创新最活跃的产业部门，是经济增长的动力源泉，其发展水平是自主创新能力的直接反映。近年来，东莞着力打造创新驱动发展升级版，初步形成了以创新为主要引领和支撑的经济体系和发展模式，先后入围珠三角国家自主创新示范区、珠三角国家科技成果转移转化示范区和国家创新型城市，基本实现了发展方式由要素驱动向创新驱动转变。建设大

① 《习近平在广东考察时强调：坚定不移全面深化改革扩大高水平对外开放 在推进中国式现代化建设中走在前列》，中国政府网，https://www.gov.cn/yaowen/2023-04-13/content_5751308.htm。

湾区先进制造业中心，要求东莞必须把创新作为第一动力，在强化科技创新上谋求新突破，举全市之力推动共建大湾区综合性国家科学中心，着力加强与广州、深圳、香港、澳门等大湾区主要城市的科技产业合作，提升科技产业融合发展水平；加快建设松山湖科学城，突出重大科学基础设施群的集聚带动效应，提升原始创新水平，打造创新策源地；以松山湖高新区、滨海湾新区为突破口，打造全球顶尖的科技创新平台，集聚全球高端创新资源；不断优化创新制度和政策环境，着力提升科技成果转化能力，建设全球科技创新高地和新兴产业重要策源地。

三　产业结构：从中低端向中高端转变

发展先进制造业是东莞建设现代化产业体系的内在要求，也是东莞经济高质量发展的必由之路。建设现代化产业体系、推动高质量发展，关键是要推动制造业突破全球价值链中低端锁定，向全球价值链中高端迈进。世界著名的湾区城市，在产业上都突出表现为现代服务业、先进制造业和高新技术产业发达。在推动经济高质量发展背景下，东莞应加快产业转型升级，构建现代化产业体系，进一步强化高端产业的集聚和辐射能力，大力发展新材料、生物医药、电子信息、5G、节能环保等新兴产业，推动互联网、大数据、人工智能与制造业深度融合。此外，还要继续实施制造业技术改造升级工程，加快制造业的数字化、网络化和智能化，以此大幅度提高劳动生产率和产品附加值，全面推动制造业产业结构从中低端向中高端转变。

四　产业组织：从传统制造向智能制造转变

当前，全球制造业格局面临重大调整，新兴科技与制造业深度融合，正在引发影响深远的产业变革，形成新的生产方式、产业形态、商业模式和经济增长点。东莞作为传统制造业大市，正面临高端回流、中低端分流的双重挤压，如果不大力发展先进制造业，抢占新一轮竞争制高点，就会陷入产业空心化的被动局面，发展将失去最大的支撑。为此，东莞应坚持传统制造向智能制造转变的思路，深入实施制造业相关战略，积极构建以"智""全""链"为核心的智能制造全生态链，加快推动 3D 打印、移动互联网、云计算、大数据、生物工程等与制造业的深度融合；大力推广基于信息物理系统的智能装备、智能工厂等智能制造；通过网络众包、协同设计、大规模个性化定制、精准供应链管理、全生命周期管理、电子商务等方式重塑产业价值链；大力发展可穿戴智能产品、智能家电、智能汽车等智能终端产品，不断拓展制造业新领域。

五　产业功能：从单一制造功能向多功能制造服务转变

从单一制造功能向多功能制造服务转变是当今制造业发展的主要趋势，"产出服务化"和"投入服务化"趋势越来越明显，服务化已成为先进制造业实现产业升级的重要路径。目前，在国际分工比较发达的制造业中，产品在制造过程中的增加值不到产品价格的 40%，发生在服务领域的增值超过 60%。[①] 但是，目前东莞制造业还处于"单纯以产品为核心"的状态，服务种类单一、产品附加值较低，服务型制造发展任重而道远。为此，要从资金、政策上推动先进制造业和现代服务业不断融合，大力推动现代信息服务业、生产性服务业、高技术服务业等产业的发展，鼓励企业积极承接研发设计、检测维修、物流配送、财务结算、分销仓储等服务外包业务，实现制造业从纯生产制造向产品全生命周期经营延伸。

---

① 郭朝先：《以产业融合推动制造业高质量发展》，《经济日报》2019 年 9 月 11 日。

第三节　东莞建设大湾区先进制造业
中心的目标定位

一　建设世界级先进制造业产业集群基地

建设先进制造业中心，产业集群是基础。先进制造业中心离不开庞大的产业集群做支撑，而大量企业的空间集聚不单是数量层面上的简单相加，更是产业生态层面上企业与企业的有机互动。产业集群通过促进同行间竞争倒逼企业降低成本、改进工艺、创新技术，使得各产业内部分工不断细化；产业集群通过增强同行间交流促进知识溢出效应的发挥，使得区域产业总体水平不断提升；产业集群通过充实市场品类和扩大市场规模吸引供应商、采购商云集，使得交易集散地的地理品牌价值不断彰显。为此，东莞建设大湾区先进制造业中心首先要打造若干千亿级产业集群基地。一是打造千亿级新一代信息技术产业集群。大力发展以大数据、云计算、物联网、人工智能为代表的新一代信息技术产业，鼓励人工智能与制造业深度融合，并通过发展工业互联网和智能终端满足制造业在工艺、产线、产品、服务等方面的数字化、网络化、智能化需求。二是打造千亿级智能装备产业集群。大力发展以工业机器人为核心的高端装备制造业，推动产学研用联合攻关，全面提升高精度减速器、高性能伺服电机及控制器等核心零部件的质量与量产能力，促进工业机器人在应用上与大数据、模式识别、虚拟现实、精益生产等结合，向产业价值链中高端迈进。三是打造千亿级先进材料产业集群。支持人工智能材料、先进制造材料、生命医学材料和第三代半导体材料产业化开发和规模化生产，以应用端驱动先进材料产业高质量发展，以材料升级助力东莞制造业转型升级。四是打造千亿级高性能电池产业集群。支持动力锂电池行业龙头进行兼并重组、产能扩充和技术研发，积极鼓励氢燃料电池的开发与推广，突破包括制氢、储氢、运氢、用氢在内的氢能产业链上下游技术，大幅降低用氢成本、提高用氢安全性。

二　建设国际先进制造业产业链配套服务基地

建设先进制造业中心，产业链配套是保障。先进制造业中心离不开完善的产业链配套做保障，而完善的产业链配套不仅有助于制造企业改进工艺、挖潜增效，还对企业入驻具有显著的"磁石效应"，能够促进大中小企业融通发展和共生共赢。产业链配套为制造企业优化工艺流程、提升生产效率、改进产品质量提供了多样化的零件和设备选择，从而有助于降低寻找最优生产要素组合的难度和成本；产业链配套为制造业的产品生产和物流配送提供了规模化、效率化保证，从而有利于增强产业链上下游相关企业运营的稳定性、经济性；产业链配套为整机制造行业的生存、发展创造了生态基础，对于东莞制造品牌化、高端化、绿色化转型意义重大，是提升全球价值链地位的关键所在。为此，东莞要不断提升产业链配套能力和配套水平。一是建立世界领先的先进测量体系，进一步落实"工业强基"工程，加强计量基础设施建设，统一计量标准，并推动检验检测、认证认可机构面向制造企业提供柔性化、个性化服务，集中攻关传感技术、远程测试、在线测量等技术，支持东莞智能制造高质量发展；二是支持工业品营销服务向数字化、智能化、网络化转型，推广工业品 3D 网络样本、智能选型，鼓励服务外包产业加快发展，促进制造业与生产性服务业深度融合，提升中小制造企业产业链配套的辐射能力和服务水平；三是大力发展"云工厂"在线平台，通过线上接包发包整合社会加工资源，降低新产品开发迭代成本，促进创意设计与制造生产精准对接，打造一站式 MRO 工业用品采购平台。

三　建设世界级大型制造业企业科技研发基地

建设先进制造业中心，科技创新是关键。先进制造业中心离不开科技创新为其注入源头活水，雄厚的科技实力是构建自主可控的先进制造业体系的前提，也是抢占全球话语权和经济制高点的关键，并直接关系东莞制造业供给侧结构性改革的成败。提升科技创新能力有助于在关键共性技术和核心零部件上取得突破，并通过跟随创新、二次创新对原始创新进行应用、扩散和转移，从而支持广大中小制造企业可持续发展；增强科技创新意愿有助于引导中小制造企业走专业化、精细化、特色化、新颖化发展道路，为东莞培育更多的独角兽企业和隐形冠军企业；促进创新链与产业链深度融合有助于"政产学研金介用"一体化创新体系的形成，是避免行业低水平发展和趋同化恶性竞争的有力抓手。为此，东莞建设大湾区先进制造业中心需要进一步提升科技研发能力和成果转化水平。一是提升产业协同创新平台服务能力，鼓励行业龙头企业主导、高校及科研院所参与建设制造业创新中心，理顺管理体制、完善运行机制，促进科技研发与行业需求精准匹配、创新成果顺利推广；二是推动新型研发机构高质量发展，鼓励新型研发机构将实验室放到工厂车间，推广"新型研发机构+联合孵化器"模式，积极发展中小制造企业创新增信贷款，激发新型研发机构发展活力；三是提高科技中介及科技金融服务水平，引导技术经纪机构与创投资本深度融合，降低技术交易中心的信息不对称，鼓励广撒网式、抱团式创新投资。

四　建设大湾区先进制造业总部工厂基地

建设先进制造业中心，总部工厂是抓手。先进制造业中心离不开总部工厂对外围工厂的串联带动作用，引进和壮大总部工厂有助于发挥供应链

"磁石效应",吸引广大中小配套企业与之绑定,同时整合高端资源要素打造服务型制造、提供智能工厂解决方案。总部工厂通过零部件、装配件和原材料的对外采购,不断吸引上下游相关企业与之合作,并巩固自身在供应链网络中的中心地位;总部工厂通过有效集聚高端资源要素为推动先进制造业与现代服务业融合发展创造有利条件,使制造业由提供单体产品向提供系统解决方案扩展;总部工厂利用自身核心企业的强势地位有效地推广新技术、新标准、新工艺和新材料,进而引领全产业链转型升级。为此,东莞建设大湾区先进制造业中心需要大力发展总部经济,引进培育总部工厂。一是推动更多制造业总部工厂落户东莞,引导东莞制造业工厂承接更多总部功能,支持东莞打造"总部经济"核心区,促进创新资源在东莞生根发芽;二是以总部工厂为平台,引导嫁接包括研发设计、科技金融、网络信息在内的高端生产性服务业,支持"政产学研金介用"高水平发展,通过大力发展"服务型制造"提升东莞制造业核心竞争力;三是引导总部工厂面向中小制造企业提供认证咨询、检验检测服务,并鼓励总部工厂制定行业标准,对使用新材料、新设备的总部工厂提供定向补贴。

第四节　东莞建设大湾区先进制造业中心的具体路径

东莞建设大湾区先进制造业中心,应重点围绕提升政策引领作用、提升开放合作水平、提升技术转化能力、增强产业合作能力和完善配套服务功能等五个方面统筹推进。

一　提升制造业中心的政策引领作用

坚持以建设大湾区先进制造业中心为目标,瞄准国际领先先进制造业产业项目，对标先进城市，针对目前东莞优质项目偏少、土地资源紧缺、投资增长乏力等经济高质量发展的"痛点"，把更多政策投入以先进制造业为基础的实体经济上，着力构建以《粤港澳大湾区发展规划纲要》为引领，以产业、金融、人才、土地、税收等为支撑的创新政策体系，努力打造政策创新高地。一方面，要强化顶层设计，加强规划引领。要按照《粤港澳大湾区发展规划纲要》的整体布局和思路，加快开展土地、产业、科技、人才、人文生态等资源前期调研，在充分调研基础上，加快编制东莞建设大湾区先进制造业中心的规划纲要，明确指导思想、战略定位和目标、主要任务、保障措施等，为先进制造业中心建设提供"战略指向图"和"发展路线图"。同时，要制定实施方案和配套措施，明确考核指标，加强工作考核。另一方面，要加强统筹协调，突出政策创新。借鉴上海、武汉、郑州、成都等城市推进先进制造业发展的经验，在财政、税收、土地、人才、技术、招商等多方面综合发力，完善财政投入、投资、创新、重大项目和人才队伍建设等相关政策支撑体系，鼓励金融资本及民间资本投向先进制造业，加快形成上下贯通、横向联动、统筹协调的政策体系。尤其要加大财政资金的政策统筹力度，加大对前瞻性、公共性、示范性、协同型、创新型项目的支持力度，落实重点项目建设和运维资金保障，提高财政资金使用效率。还要重点加强土地统筹，进一步加强全市土地收储管理，制定全市统一的土地收储和出让规则，保障先进制造业重大项目、重大基础设施建设用地，释放更多土地空间，提高土地利用效率，提升重大项目落地能力。

二　提升制造业中心的开放合作水平

在建设粤港澳大湾区背景下，东莞必须立足区域经济一体化，深度参与全球化，全面提升对外开放的合作广度和深度，加快发展更高层次的开放型经济，培育参与国际竞争与合作的新优势。一是全力建设好滨海湾新区这一对外开放新平台。围绕建设大湾区先进制造业中心，把科技创新合作放在突出位置，支持外资企业尤其是港澳台企业在发展先进制造业、推进产业升级、开拓国际市场上发挥更大作用。扩大与港澳地区在现代服务业领域和教育、医疗等社会民生领域的开放合作，特别是要创造良好环境吸引香港现代服务业集聚，构建与国际接轨的高品质生产生活服务体系，增强企业和人才集聚能力。加大与南沙、前海和横琴等重大平台的对接力度，更好承接自贸试验区的溢出效应。二是进一步加快加工贸易发展。推动跨境电商、供应链服务、服务贸易等外贸新业态新模式集聚发展，打造外贸新增长极。积极参与"一带一路"建设，深化与发达国家和共建"一带一路"国家的经贸合作，鼓励和支持本土企业布局境外生产基地，以投资带动贸易和产业发展。三是构建营商环境新优势。以推进省营商环境综合改革试点为牵引，努力营造稳定、公平、透明、可预期的营商环境。加快复制推广自贸试验区的制度创新成果，在放宽市场准入、优化事中事后监管、强化企业服务上深入探索。加大知识产权保护力度，充分激发全社会的创新创造活力。

三　提升制造业中心的技术转化能力

以东莞参与建设珠三角国家科技成果转移转化示范区为引领，探索具有东莞特色的科技成果转移转化机制和模式，围绕推进科研成果转移转化、完善科技企业孵化育成体系、完善科技成果转移转化机制等重点任务，着力打造先进制造业科技资源集聚区，发挥好科技创新对大湾区先进制造业中心的支撑作用。一是推进企业、研发机构科研成果转移转化。积极推动高新技术企业"树标提质"，推动规上工业企业研发机构全覆盖，支持中小企业与高校院所开展科技创新合作，加快推动具有自主知识产权和产业化能力强的科技成果转移转化。推进新型研发机构提质增效，积极鼓励其开展技术转移和实施成果转化，主动对接解决行业技术需求，将实施科技成果转化的效果作为年度绩效考核的重要指标，增强服务核心技术突破和创新成果转化功能。二是完善科技企业孵化育成体系。发挥政府投资基金引导作用，高质量建设一批"双创"示范基地，面向海内外引进创新创业人才，汇聚全球科技创新成果在东莞孵化和产业化。借鉴天津、深圳、佛山等地经验，建设一批"互联网+"专题产业园区或孵化器，大力发展综合服务型、专业平台型、投资促进型和虚拟非正式空间型等多种形式的众创空间，建设一批低成本、便利化、全要素、开放式的众创空间，孵化培育一批"互联网+"创新型企业。加快建设金融、科技和产业融合创新综合试验区，建立面对孵化器的风险补偿和天使投资奖励制度，促进孵化器与银行、风险投资、担保等机构合作，完善孵化器的投融资功能。三是完善科技成果转移转化机制。充分发挥珠三角国家自主创新示范区享受政策先行先试的优势，全面落实国家自主创新示范区相关政策，鼓励通过托管等方式，委托第三方专业技术转移机构开展科技成果许可、转让、投资等工作。加快建立科技成果市场化定价机制，探索组建产业技术创新联盟、技术转移服务联盟等科技成果转移转化服务平台，通过协议定价、挂牌交易、拍卖等市场化方式确定科技成果价格。加快建立科技成果转移转化监管机制，建立主管部门、财政部门、项目管理机构、科研单位等各个层次相互衔接的科技成果转移转化年度报告制度。

四 增强制造业中心的产业合作能力

要加大大湾区城市产业合作力度，特别是要发挥毗邻深圳的区位优势，加强与深圳的产业合作。一是要加强产业研究，深入系统开展东莞和深圳产业发展研究，在系统梳理东莞战略性新兴产业、先进制造业、高技术制造业以及智能制造业等重点产业的关键缺失环节和薄弱环节基础上，深入研究深圳四大支柱产业、七大战略性新兴产业和四大未来产业等重点发展产业，结合东莞强链、补链、拓链、延链的需求，明确对深招商重点领域。要强化规划引领，以重点发展的新一代信息技术、高端装备制造、新材料、新能源、生命科学和生物技术等五大新兴产业和新一代人工智能、新一代信息通信、智能终端、工业机器人、高端智能制造装备、先进材料、新能源汽车、高性能电池、生物医药、高端医疗器械等重点细分行业为主攻方向，高标准精心编制对深圳的产业招商规划、计划和工作方案，明确对深圳的产业招商的指导思想、战略定位、主要任务、保障措施等。二是要开展靶向招商，聚焦深圳外溢的重点产业、龙头企业，建立产业招商指导目录，紧盯深圳企业100强、深圳工业百强企业和重点行业领军企业等市场前景好、产出效益高、带动能力强的"奶牛型"企业，加大土地、财税、奖补等优惠政策倾斜力度，开展靶向式精准招商、优质招商。三是要建立片区对标和区域联动机制。鼓励东莞东南临深片区，瞄准深圳特定辖区，进行精准对标招商，建立东莞片区与深圳辖区对接机制，结合片区自身特点和优势，对标深圳辖区产业溢出，进行资源和产业配套，避免镇街间同质竞争，促进深圳外溢产业在东莞集聚发展。

五　完善制造业中心的综合配套服务功能

目前，与广州、深圳、香港、澳门等城市相比，东莞在综合配套服务方面，特别是政务服务、生活服务、生产服务等领域仍有不小差距。为此，东莞应向先进城市看齐，针对政务服务、生活服务、生产服务等方面短板，加快完善综合配套服务，构建与国际接轨的高品质服务体系，努力缩小与先进城市差距，优化招商环境，不断增强城市吸引力。一是进一步提高行政效率，提升政务服务水平。简化项目落地流程，围绕项目落地和建设，优化项目审批程序，在生产经营审批、资质资格准入等重点领域，着力推动取消和下放行政审批事项。建立重大优质项目落户的直通车制度，开通重大项目绿色通道，为优质项目建设提供"一企一策"定制式、保姆式服务。特别是要为重特大项目提供"一个项目、一名领导、一套方案、一抓到底"的专门服务，促进项目落地。二是进一步加大生活服务配套力度，打造优质舒适的生活空间。高起点、高标准规划完善文化教育、医疗卫生、公共交通、餐饮商贸、住房配套、娱乐休闲等各项服务功能，创造优质生活条件。加强与大湾区城市间交通基础设施的互联互通，有序推进城市间轨道交通设施规划衔接事宜，打通"断头路""瓶颈路"，努力构建便捷、快速、一体化的交通网络。在教育、医疗等基本公共服务方面，深入开展教育综合改革，深化公立医院综合改革，不断加强与广州、深圳、香港、澳门等城市的公共服务对接共享。借鉴先进城市好的经验做法，尽快调整已有的配套服务相关优惠政策，尤其是在子女入学、医疗服务、住房保障等方面出台更有力的优惠措施，做好与广深港澳的深度对接，化解招商企业后顾之忧。三是进一步加快各类服务平台建设，提升产业综合服务水平。搭建科技成果转化服务平台，建设有利于技术转移与交易、成果转化与产业化的科技服务体系。加快推动东莞市知识产权交易服务平台建设，强化电商、大数据等新领域、新业态知识产权保护，加大侵权行为查处力度，营造良好创新环境。抓好金融服务平台建设，打造金融科技产业融合平台、金融资本运作投资平台等科技金融服务平台，推动金融科技产业融合创新发展。

第八章　东莞科技创新与先进制造业深度融合模式及路径研究

2022 年，东莞市第十五次党代会鲜明提出，要"立足'双万'新起点，聚焦科技创新和先进制造，奋力谱写东莞现代化建设新篇章"① 的战略目标。先进制造业作为制造业金字塔的塔尖，是科技创新的主阵地，是未来世界经济发展的主导力量，也是各国参与国际竞争的先导力量。先进制造业对我国而言是兴国之器、强国之基，是构建现代产业体系、培育发展新动能、助推经济高质量发展的重要推动力。进入"双万"新阶段、新赛道，东莞面临更高的发展目标、更强的竞争对手、更为复杂的外部环境，更需要继续坚持制造业立市的原则不动摇，准确把握新一轮科技革命和产业变革带来的历史机遇，充分发挥制造业基础雄厚优势和科技创新的引领作用，聚焦"科技创新＋先进制造"，在"双万"新起点实现更高质量的发展。近年来，东莞把参与粤港澳大湾区建设作为新时代改革开放的"纲"，全力对接支持服务"双区"和两个合作区建设，牢牢把握建设国家创新型城市、建设广东省制造业供给侧结构性改革创新实验区、建设大湾区综合性国家科学中心等重大机遇，全面推动创新驱动发展战略和产业转

---

① 《聚焦党代会·报告解读｜立足"双万"新起点，着力"双聚焦"，奋力"双实现"》，东莞市人民政府网站，http://www.dg.gov.cn/jjdz/dzyw/content/post_3703255.html。

型升级，取得显著成效。在看到成绩的同时，也应注意到东莞在"双万"新起点上面临诸多压力，如中美经贸摩擦影响和支柱产业受打压的态势仍将持续，经济下行压力依然较大，特别是产业结构相对单一、创新能级有待提升，新动能亟须培育壮大；土地资源、生态环境更趋紧约束，特别是叠加"双碳"背景下的能耗压力，绿色发展、低碳发展、集约发展任重道远；城市综合环境质量仍需大力提升，公共服务供给不够均衡优质，对高端项目、高素质人才的吸引力不够强，把人口优势转化为人才优势还需要下更大功夫。同时，与东莞"双万"城市发展目标相比、与先进城市相比，东莞在推动"科技创新+先进制造"上还存在一些急需补齐的短板。为此，建议东莞构建"创新引领、产业强基、科技赋能、项目带动、合作共赢"的科技创新与先进制造业深度融合模式，以进一步提升科技创新能力和水平、促进战略性新兴产业发展、推动传统产业转型升级、形成先进制造业集聚化发展态势、健全完善科技创新和先进制造相关体制机制等为路径，推动东莞在"双万"新起点实现更高质量发展。

第一节　东莞聚焦"科技创新+先进制造"推动高质量发展的意义

一　东莞推动高质量发展的必由之路

建设现代化产业体系是加快构建新发展格局、推动高质量发展的主要任务之一，必须坚持把发展经济的着力点放在实体经济上，推动制造业高端化、智能化、绿色化发展，推动战略性新兴产业集群发展，推动现代服务业与先进制造业深度融合，推动数字经济和实体经济深度融合。当前，新发展格局正在加快构建，新一轮科技革命和产业变革方兴未艾，科技自立自强成为国家发展的战略支撑，战略性新兴产业、数字经济和消费升级等新风口不断涌现。东莞只有坚持"制造业立市"的原则不动摇，以科技创新为引领，以产业数字化、数字产业化为重点，以碳达峰、碳中和为牵引，以四大战略平台、七大战略性新兴产业基地为载体，大力推动科技创新与先进制造业深度融合，才能率先推动经济发展质量变革、效率变革、动力变革，才能进一步提升制造业核心竞争力，在"双万"新起点实现高质量发展。

二　东莞对接重大国家战略的重要举措

推动"双区"和两个合作区建设，是习近平总书记亲自谋划、亲自部署、亲自推动的重大国家战略，是牵引带动广东全面深化改革开放、深入推进高质量发展的重要动力。当前，广东省正举全省之力纵深推进"双区"和两个合作区建设。粤港澳大湾区各主要城市发展特点鲜明、协作互补性强，特别是广州、深圳、东莞三个城市的科技创新和产业发展具有明显的差异性和互补性。例如，广州高校和科研院所云集，具有雄厚的基础研究基础，处在创新链的前技术阶段，重点是基础研究和应用基础研究；深圳集聚了大批科技龙头企业和新兴研发机构，具有引领国际前沿的科技产业优势，处在创新链的原理验证和性能验证阶段，重点是应用研究、技术开发示范；东莞制造业基础雄厚，具有快速实现科技成果产业化的能力和优势，处在创新链的后技术阶段，重点在社会化创新和商业化应用。东莞作为大湾区核心地区的重要节点城市，要牢牢把握"双区"和两个合作区建设的重大历史机遇，用足用好省委省政府《关于支持东莞新时代加快高质量发展打造科创制造强市的意见》的重大政策机遇，积极主动对接国家、省重大战略，凭借多年积累的制造业雄厚基础和近年来创新驱动激发的新动能，乘势而上、顺势而为，将大力发展科技创新和先进制造业作为确保重大战略任务落地落实的具体举措，持续深化与湾区城市的联动协

作，实现与大湾区城市在科技产业领域互补发展，奋力实现省委提出的
"东莞在全省大局中承担更大责任，当好广东高质量发展的名片和地级市
高质量发展的领头羊"的任务要求和"打造前沿科技创新高地、制造业高
质量发展示范区、国内国际双循环的重要节点城市、宜居宜业高品质现代
化都市"四大战略目标。

三 东莞提高城市综合竞争力的重要抓手

当前，东莞已成为全国第 15 个"双万"城市、第 24 个万亿元 GDP 城
市。可以说，东莞已经进入经济高质量发展的新阶段。东莞市第十五次党
代会明确提出了东莞今后五年的发展目标，主要目标之一就是经济综合竞
争力要稳居全国前列，同时还要求创新要引领产业发展形成强大动能。当
前，东莞经济已从高速增长阶段转向高质量发展阶段，从经济增长上看，
"十三五"时期东莞经济年均增长 6.5%，2021 年地区生产总值成功迈过万
亿元大关，达到 10855.35 亿元。① 从结构优化上看，东莞经济结构不断优
化升级，先进制造业、高技术制造业比重不断攀升，2016 年东莞规上先进
制造业增加值为 1435.17 亿元，到 2020 年规上先进制造业增加值已达
2108.36 亿元，占规上工业增加值比重为 50.9%，比 2015 年提高 3.0 个百
分点。② 从动能转化上看，东莞深入实施创新驱动发展战略，增长动力从
要素驱动逐渐向创新驱动转化，科技创新和先进制造业对东莞经济社会发
展的引领支撑作用越来越强。有了坚实的基础，接下来东莞必须继续保持
拼、抢、争的劲头，继续通过科技创新和先进制造业不断提升城市综合竞
争力、高端资源承载力，实现更高质量发展，努力在"双万"新赛道跑出
优异成绩。

---

① 《权威发布 | 2021 年东莞市政府工作报告》，东莞市人民政府网站，http：//www.dg.gov.
cn/jjdz/dzyw/content/post_3465691.html。

② 数据来源：根据《东莞统计年鉴 2017》《东莞统计年鉴 2021》计算。

四　东莞破解当前发展困境的重要途径

当前，东莞正进入动能转换爬坡过坎期、社会治理重要转型期和深化改革集中攻坚期，在高质量发展的进程中仍然面临一些风险和挑战、存在一些瓶颈和短板。从产业结构上看，东莞产业结构比较特殊，虽然产业规模不断扩大、结构不断优化，但是电子信息产业"一业独大"的局面，短时间内还难以根本改变，特别是近年来受中美经贸摩擦影响，支柱产业受打压的态势仍将持续，在芯片、集成电路等产业链高端环节"卡脖子"的风险仍然存在。从能源消费上看，"双碳"目标对东莞能耗水平提出了更高要求，目前东莞产业以生产制造业为主，同时还存在一批规模较大的电力、造纸、纺织、建材等高耗能项目，能源消费总量持续增加，能耗强度仍处在省内高位，资源环境约束、结构性矛盾、体制机制障碍等仍然存在。从资源要素供给上看，东莞土地开发利用零碎化、低效化，全市约423平方公里的工业用地零散分布于超过2万个地块，面积小于75亩的地块占比超90%。其中，村级工业园占全市工业用地面积的70%，70%的村级工业园在300亩以下，60%的镇街拿不出500亩以上的土地承载新增的产业项目。① 土地资源制约已成为东莞发展战略性新兴产业、招引大项目大企业入驻的突出短板。此外，高层次人才和高级专业技能人才不足也是东莞高质量发展面临的一大瓶颈问题。在新的发展阶段，东莞必须通过大力发展科技创新和先进制造业，进一步提升源头创新能力和水平，营造良好创新生态，推动新兴产业多元均衡发展、带动传统产业转型升级，不断优化制造业生态价值体系，构建现代产业体系。同时，以科技创新引领产业集群化、集聚化、集约化发展，为东莞腾挪出更多产业空间，吸引更多高端人才，有效补齐发展中的短板。

---

① 王更辉、黄灿、陈志：《"空间革命"重塑产城格局》，《南方日报》2023年6月14日。

第二节 东莞推动科技创新和先进制造业
高质量发展的举措和成效

一 东莞发展先进制造业的举措和成效

近年来，东莞全面贯彻落实中央、省委各项决策部署和工作要求，抢抓新一轮技术革命的重要机遇，以打造大湾区先进制造业中心为目标，通过强化政策支持、推动产业集聚发展、不断完善产业链配套等举措，加快推动大湾区先进制造业中心建设，并取得显著成效。

（一）政策体系不断完善

东莞坚持制造业立市不动摇。2016年市政府1号文《关于大力发展机器人智能装备产业 打造有全球影响力的先进制造基地的意见》，提出全面实施"机器人智造"计划，推动东莞机器人智能装备产业集群发展，加快引领制造业转型升级；2017年市政府1号文《关于实施重点企业规模与效益"倍增计划"全面提升产业集约发展水平的意见》，提出以实施"倍增计划"为统领，着力扶持以先进制造业为核心的实体经济发展；2018年东莞制定了《东莞市重点新兴产业发展规划（2018—2025年）》，聚焦新一代信息技术、高端装备制造、新材料、新能源、生命科学和生物技术五大重点新兴产业领域和重点突破的十大产业，积极构建重点新兴产业发展新格局；2020年东莞制定《东莞市现代产业体系中长期发展规划纲要（2020—2035年）》，提出建成"全球先进制造业创新领航城市"的中长期战略目标，围绕数字经济、智能经济、健康经济、绿色经济、创意经济等新业态，培育壮大新兴产业，抢占新一轮竞争制高点；2022年市政府1

号文《关于推动数字经济高质量发展的政策措施》，提出要聚焦科技创新和先进制造，推动产业数字化和数字产业化，促进传统产业转型升级，加快培育产业新支柱。在一系列政策"组合拳"的有力加持下，东莞先进制造业发展逐步向纵深推进，取得了显著成效。

（二）产业规模稳步壮大

近年来，东莞大力实施工业企业"倍增计划"，相继出台"高质量倍增十条""重特大项目招商十条""高质量利用外资十条"等政策，推动先进制造业产业规模稳步壮大，产业基本盘日益扎实。在市场主体方面，全市规模以上工业企业数量从 2015 年的 5392 家增长至 2021 年的 1.1 万多家。[1] 在产业规模方面，2021 年，全市规模以上工业增加值为 5187.03 亿元，同比增长 10.2%，[2] 增速高于全国、全省。特别是在"倍增计划"引领下，2021 年全市 410 家"倍增计划"工业企业增加值达到 1381.36 亿元，增长18.0%，增速快于全市规模以上工业增加值 7.8 个百分点。[3] 在工业投资方面，"十三五"期间，累计完成工业投资 3370.9 亿元，完成技术改造投资2228 亿元，技改投资占工业投资比重达 66.1%。[4] 在先进制造业方面，规模以上先进制造业增加值从 2017 年的 1675.49 亿元增长至 2020 年的2108.36 亿元，占全市规模以上工业增加值比重超过五成，增加值总量比2015 年的 1299.13 亿元增长 62.3%。在高技术制造业方面，2020 年末，东莞规模以上高技术制造业企业共 2124 家，比 2015 年增加 999 家，增长

---

[1] 《"十三五"时期东莞经济社会发展成就系列分析报告之二："十三五"东莞工业经济发展情况》，东莞市统计局网站，http://tjj.dg.gov.cn/tjzl/tjfx/content/post_3537369.html。

[2] 东莞市统计局、国家统计局东莞调查队编《东莞统计年鉴 2022》，中国统计出版社，2022，第 118 页。

[3] 《2021 年东莞经济运行情况》，东莞市人民政府网站，http://www.dg.gov.cn/zjdz/csts/myjj/content/post_3718623.html。

[4] 《"十三五"时期东莞经济社会发展成就系列分析报告之六：固定资产投资规模扩大 谱写高质量发展新篇章——"十三五"时期东莞固定资产投资情况分析》，东莞市统计局网站，http://tjj.dg.gov.cn/tjzl/tjfx/content/post_3566363.html。

88.8%；实现工业增加值1569.62亿元，占全市规模以上工业增加值比重为37.9%，比2015年比重提高0.7个百分点。2020年，先进制造业、高技术制造业增加值占规模以上工业增加值比重分别达到50.9%和37.9%。[①]

（三）集聚优势日益显著

2021年，东莞选取新一代电子信息、高端装备制造、纺织服装鞋帽、食品饮料作为战略性支柱产业，选取软件与信息服务、新材料、新能源、生物医药及高端医疗器械、半导体及集成电路作为战略性新兴产业，构建"4+5"产业集群培育体系，已形成"万、千、百"亿级的产业集群发展梯队。电子信息制造业规模以上工业增加值由2015年的896.5亿元提升至2020年的1366.8亿元，占规模以上工业增加值比重达33%。[②] 2021年，东莞电子信息产业集群营收超万亿元，手机产量达2.45亿台，是2012年（6729万台）的3.6倍。[③] 智能移动终端集群成功入选第一批国家先进制造业集群。电气机械及设备制造业规模以上工业增加值由2015年的463.8亿元提升至2020年的872.6亿元，占规模以上工业增加值比重提升至21%。[④] 以工业机器人为代表的智能装备制造产业快速发展，东莞参与的"广深佛莞"智能装备集群成功入选第二批国家先进制造业集群。在新材料制造业方面，规模以上工业增加值从2017年的189.6亿元提升至2020年的298.1亿元，[⑤] 并在金属合金、功能玻璃、高分子复合材料、覆铜板、氮化镓衬底等方面打下了较好的产业基础。在新能源产业方面，东莞锂电产业规模约占全国的15%，有产业链上下游企业1300多家，拥有东莞新

① 数据来源：根据《东莞统计年鉴2016》《东莞统计年鉴2018》《东莞统计年鉴2021》数据计算。
② 数据来源：根据《东莞统计年鉴2016》《东莞统计年鉴2021》数据计算。
③ 《中国制造十年进化论｜东莞："世界工厂"如何完成科创转身》，百度百家号"澎湃新闻"，https://baijiahao.baidu.com/s? id=1749786843620437274&wfr=spider&for=pc。
④ 数据来源：根据《东莞统计年鉴2016》《东莞统计年鉴2021》数据计算。
⑤ 数据来源：《东莞统计年鉴2018》《东莞统计年鉴2021》。

能源（ATL）、振华新能源、创明电池、锂威能源等众多电池生产厂家。[①]
同时，东莞积极谋划发展氢能源产业，围绕从制氢、加氢站到氢燃料电池汽车的产业链条进行布局。在生物医药产业方面，建立了多个产业公共技术服务平台，培育了一批发展基础较好的骨干企业；依托散裂中子源成功研制我国首台硼中子俘获治疗肿瘤装置（BNCT），开启癌症治疗的新时代。在半导体及集成电路产业方面，初步形成了以芯片设计、第三代半导体材料和封装测试为核心，集成电路相关应用产业为支撑的产业链结构。2022 年，工信部公布了 45 个国家先进制造业集群名单，东莞市智能移动终端集群、广深佛莞智能装备集群以及佛莞泛家居集群三个先进制造业集群成功入选。

（四）配套服务日益完善

东莞以智能制造全生态链为主攻方向，大力推动制造业智能化、服务化、创新化、优质化、集群化和绿色化发展，大力发展现代服务业和生产性服务业，推动产业链由"微笑曲线"中附加值较低的生产制造环节向附加值更高的研发、设计、营销等服务环节延展升级。近年来，东莞现代服务业快速发展，2020 年东莞现代服务业增加值为 2822.11 亿元，占服务业增加值比重为 63.8%。其中，现代物流业增加值为 170.47 亿元，五年平均增长 9.1%，占服务业增加值比重为 4.7%；新兴信息技术服务业增加值为 213.84 亿元，五年平均增长 17.6%，占服务业增加值比重为 4.8%；金融服务业增加值为 645.50 亿元，五年平均增长 9.9%，占服务业增加值比重为 14.6%。[②]

---

① 《中国制造十年进化论｜东莞："世界工厂"如何完成科创转身》，百度百家号"澎湃新闻"，https://baijiahao.baidu.com/s？id=1749786843620437274&wfr=spider&for=pc。
② 《"十三五"时期东莞经济社会发展成就系列分析报告之七："十三五"时期东莞服务业发展情况分析》，东莞市统计局网站，http://tjj.dg.gov.cn/tjzl/tjfx/content/post_3571673.html。

二　东莞推动科技创新的举措和成效

近年来，东莞大力实施创新驱动发展战略，以建设国家创新型城市为目标，牢牢把握建设珠三角国家自主创新示范区、国家创新型城市、国家科技成果转移转化示范区等契机，全力参与大湾区国际科技创新中心、综合性国家科学中心和广深港澳科技创新走廊建设，不断构建完善全链条科技创新体系，优化创新创业环境，推进科技体制改革，集聚高端创新资源，以科技创新引领高质量发展成效凸显。根据科技部中国科技信息研究所发布的《国家创新型城市创新能力评价报告 2021》，东莞创新能力排名全国第 19，比 2020 年排名上升 3 位，比 2019 年排名上升 9 位，位列广东省第 3。

（一）深入推进科技体制改革

东莞紧紧围绕建设国家创新型城市、建设综合性国家科学中心的目标，从补齐源头创新短板、加强全链条谋划、全面整合创新要素、推进项目管理改革等方面入手，构建了系统性的科技创新支持政策体系。东莞先后出台了《关于贯彻落实粤港澳大湾区发展战略　全面建设国家创新型城市的实施意见》《东莞市科技计划体系改革方案》《东莞市培育创新型企业实施办法》等第一批配套政策，形成了东莞科技创新的"1+1+N"政策体系。在新的政策体系推动下，东莞源头创新力量显著增强，科技成果转化和创新型企业培育加快推进，全链条科技创新格局正在加速形成。

（二）构建全链条科技创新体系

构建"源头创新—技术创新—成果转化—企业培育"的创新链条。在源头创新体系方面，加速布局国家战略科技力量，松山湖科学城纳入大湾区综合性国家科学中心先行启动区，散裂中子源二期、南方先进光源、先进阿秒激光装置等大科学装置加速集聚，松山湖材料实验室研究成果连续两年入选中国科学十大进展和重大技术进展。2021 年，东莞全社会 R&D 经费支出为 434.45 亿元，比 2012 年增加 351.43 亿元，增加 4.2 倍；R&D 经费支出占地区生产总值比重为 4.0%，达到发达国家水平。在技术创新体系方面，全市拥有新型研发机构 33 家、省级工程技术研究中心 439 家、工程技术研究中心 900 多家。有设立研发机构的规模以上工业企业 6577 家，覆盖率为 52.4%；有 R&D 活动的规模以上工业企业 5590 家，覆盖率为 44.5%。[①] 在成果转化体系方面，2022 年上半年全市技术合同认定登记成交额达到 86 亿元，增长 66.5%，位居全省第 3，仅次于广州、深圳，且成交额是全省第 4 位的 3.5 倍。[②] 在企业培育体系方面，截至 2022 年，全市科技企业孵化器达 111 家，其中国家级 26 家、省级 20 家、市级 48 家；众创空间达 48 家，其中国家级 22 家、省级 7 家、市级 10 家。[③]

（三）高端创新资源加速汇聚

以松山湖科学城建设为契机，依托重大科研平台，构筑了全方位的引才聚才体系。截至 2021 年底，全市共有各类人才平台 1321 个，包括博士、博士后工作平台 116 个，重点实验室、工程技术中心 903 个，集聚基础研究人才近万人，其中高端人才 1187 人。如松山湖材料实验室引进和组建前沿科研团队 22 个，科研人员总计 485 人；散裂中子源已引进人才 272 人，目前有 400 余人常驻东莞工作；东莞理工学院建设各类省级科研平台 28 个，引进和组建省级科研创新团队 11 个，引进高层次人才、优秀青年博士（后）等 900 余人；广东医科大学建有各类省级科研平台 8 个，各类市厅

---

① 《奋进新时代 谱写科技创新新篇章——党的十八大以来东莞经济社会发展成就系列报告之十》，东莞市统计局网站，http：//tjj.dg.gov.cn/tjzl/tjfx/content/post_3900395.html。

② 《【视频】解码东莞经济"半年报"｜科技创新激活先进制造新动能》，东莞阳光网，ht-tps：//webzdg.sun0769.com/web/news/content/323325。

③ 《2022 年东莞市国民经济和社会发展统计公报》，东莞市统计局网站，http：//tjj.dg.gov.cn/gkmlpt/content/4/4001/mpost_4001196.html#832。

级科研平台 27 个，引进高层次人才、优秀青年博士（后）等 160 余人；东莞市人民医院建设各类市级以上科研平台 8 个，引进高层次人才、优秀青年博士（后）等 98 人。①

（四）创新创业环境不断优化

企业创新主体地位不断增强，全社会研发经费来源于企业的比例达94%，由企业牵头或参与的省级及以上重大科技项目占全市 80%。科技创新政策体系不断完善，启动市级科技计划体系改革，建立了适应发展新形势、新需求的科技政策体系。坚持以人为本，持续构建多层次的人才引进培育体系。目前，全市有双聘院士 16 名、省领军人才 14 名、"广东特支计划"入选者 19 名、国务院特殊津贴专家 33 名，省创新科研团队数量居全省地级市第一。推行研究生来莞"企业导师+高校导师"双导师培养模式，共有来自 139 所国内外高校的 2003 名研究生来莞培养（实践），吸引 436家企业参加研究生联合培养（实践），毕业留莞率达 33.2%。科技与金融结合深入推进，多元化科技金融供给体系建立，上市高新技术企业占全市境内上市企业数量的比例达 78%。②

（五）多层次区域创新格局形成

东莞着力构建以松山湖高新区为核心、以创新强镇为节点、以其他镇街为支点的区域创新发展新格局。近年来，松山湖高新区在全国高新区中排名第 21，③ 集聚了一批高水平科研机构与高校院所，建设了一批国家级

---

① 向连：《东莞："科技创新+先进制造"推动高质量发展》，《科技日报》2022 年 10 月 20 日。

② 《东莞市科技创新"十四五"规划》，东莞市科学技术局网站，http：//dgstb. dg. gov. cn/gkmlpt/content/3/3781/mpost_3781146. html#78。

③ 《飞跃松山湖 20 年⑩|再攀高峰：升级国家级高新区》，微信公众号"乐享松山湖"，https：//mp. weixin. qq. com/s? __biz = MzI1NDU3MTMzNw = = &mid = 2247832919&idx = 2&sn = f47ae8acfe5523d9c893442aa45d8282&chksm = e9ccb371debb3a672cfe544ab6d2aacf5aa68b21657cf97d3f2da07cb4f79a22a8fceb526979。

重大科技基础设施，创新核心地位更加凸显，松山湖功能区高质量发展的能力显著提升。创新强镇建设纵深推进，南城、东城、塘厦、清溪、寮步等 10 个镇街围绕人才建设、成果转化、产业培育等方面开展创新强镇建设，成为支撑东莞国家创新型城市建设的重要节点，不断夯实基层科技创新基础。

第三节　东莞推动科技创新和先进制造业深度融合存在的短板和不足

一　科技创新引领能力有待进一步提高

（一）源头创新能力有待进一步提高

一方面，东莞高校基础研究能力相对薄弱。目前东莞仅有东莞理工学院、东莞职业技术学院等 8 所高校，大湾区大学和香港城市大学（东莞）正在筹建中，相比广州（83 所）、深圳（15 所）等大湾区核心城市，东莞高校数量少、层次低、基础研究能力有限。另一方面，东莞重大创新平台载体基础研究作用尚未充分发挥。虽然东莞拥有散裂中子源、散裂中子源二期、先进阿秒激光装置等大科学装置，拥有松山湖材料实验室、南方光源等高水平科研机构，但是总体来看，相比先进城市，高水平科研机构在数量上还是略有不足，源头创新带动地区高质量发展的能力有待进一步提高。

（二）基础研究水平有待进一步提升

2021 年，东莞全社会 R&D 经费支出为 434.45 亿元，远远低于同期广州（881.72 亿元）和深圳（1682.15 亿元）。同时，R&D 经费投入强度

（4.0%）也远远低于深圳（5.49%）。从 R&D 经费结构上看，东莞规上工业企业 R&D 经费支出共计 405.61 亿元，但基础研究经费支出仅有 0.36 亿元，应用研究经费支出仅为 1.64 亿元，规上工业企业基础研究和应用研究经费支出仅占规上工业企业 R&D 经费支出的 0.49%。同期，深圳基础研究经费支出为 79.84 亿元，占 R&D 经费支出的 7.3%；广州基础研究经费支出为 119.74 亿元，占 R&D 经费支出的 13.6%。①

（三）科技成果转移转化水平有待进一步提高

从技术合同成交金额上看，近年来虽然东莞大力推动科技成果转化，技术合同成交金额从 2015 年的 0.98 亿元增长至 2021 年的 62.36 亿元，但这一指标与大湾区主要城市相比差距较大，如 2021 年深圳技术合同成交金额为 1627.08 亿、广州为 2413.11 亿元。从技术合同成交金额占地区 GDP 的比重上看，2021 年东莞技术合同成交金额仅占地区 GDP 的 0.57%，而深圳占 5.30%、广州占 8.56%。②

二 先进制造业整体水平有待进一步提升

（一）尚未形成多点支撑的先进制造业产业体系，"一业独大"局面尚未改变

当前东莞先进制造业发展仍主要依赖于高端电子信息制造业，2021年，东莞高端电子信息制造业规模以上工业增加值为 1382.89 亿元，占全市先进制造业规模以上工业增加值比重达 51.54%，占全市规模以上工业增加值比重达 26.66%，③ 电子信息制造业"一业独大"的局面尚未发生根

---

① 数据来源：相关城市 2022 年统计年鉴。
② 数据来源：相关城市 2022 年统计年鉴。
③ 数据来源：根据《东莞统计年鉴 2022》数据计算。

本性改变。而且，东莞先进制造业几大门类发展规模和水平不均衡现象突出，2021 年仅有高端电子信息制造业增加值突破千亿元大关，先进装备制造业增加值（805.37 亿元）尚未达到千亿级规模，石油化工产业增加值（109.64 亿元）、先进轻纺制造业增加值（198.07 亿元）、新材料制造业增加值（372.36 亿元）虽突破百亿元但距离千亿级差距较大，生物医药及高性能医疗器械产业增加值（62.70 亿元）尚未达到百亿级规模。① 可见，东莞先进制造业近年来虽然取得了一定发展，但除了高端电子信息制造业外，其余产业体量仍普遍较小，龙头企业的带动能力不强，亟须加快形成多极引领、多点支撑的先进制造业产业体系。

（二）先进制造业基本盘不够扎实，受外部影响较大

2012 年以来，东莞先进制造业和高技术制造业平均以每年 10% 以上的增速保持增长状态，但 2020 年受新冠疫情、中美贸易摩擦等不利因素的影响，先进制造业和高技术制造业出现了 10 余年来的首次增速下跌。2020 年，东莞全年高技术制造业增加值比上年下降 3.4%，全年先进制造业增加值比上年下降 3.3%。2021 年，在一系列政策扶持下，这两项数据重新回到正增长（其中高技术制造业增加值增长 8.2%、先进制造业增加值增长 0.6%），但是相比同期广州（高技术制造业增加值增长 25.7%、先进制造业增加值增长 7.2%）、深圳（高技术制造业增加值增长 3.2%、先进制造业增加值增长 2.9%）、佛山（高技术制造业增加值增长 9.3%、先进制造业增加值增长 8.7%）、惠州（高技术制造业增加值增长 15.4%、先进制造业增加值增长 14.6%），② 增长势头明显不足，暴露出先进制造业基本盘还不够扎实，抵御风险、抵抗外部冲击能力不足的问题，亟须进一步强化产业链、供应链的韧性，巩固先进制造业产业基本盘。同时，2021 年东莞

① 数据来源：根据《东莞统计年鉴 2022》数据整理。
② 数据来源：根据相关城市 2022 年统计年鉴整理。

先进制造业增加值占规模以上工业增加值比重（51.7%）也低于广州（59.8%）、深圳（69.6%）和全省平均水平（55.9%）。①

（三）先进制造业市场集中度较低

近年来，东莞对先进制造业发展的支持力度较大，相关企业数量也迅速增加，2021年全市有规模以上先进制造业企业7580家，比2020年增加663家，占规模以上工业企业总量的59.32%。但先进制造业企业以中小企业为主，中型企业和小型企业共计6565家，占规模以上先进制造业企业总量的86.61%。② 这一现象导致先进制造业市场集中度较低，市场竞争激烈，从而进一步挤压企业利润空间，限制了企业对于产品技术创新的投入，形成恶性循环，产业转型升级任重道远。

（四）空间承载能力有限

空间资源紧缺特别是连片空间不足是东莞当前发展最大的制约因素。由于东莞多年以来的经济发展模式较为粗放，对土地资源的利用效益不高，土地资源已极为短缺，目前土地开发强度已达50%的极限水平。土地资源严重紧缺与重点企业新增土地需求旺盛之间的矛盾日益凸显，成为制约先进制造业企业做大做强的一个重要因素。产业空间布局碎片化，土地资源整合难度大，难以适应高技术制造业集约发展的要求。目前，东莞已启动建设七大战略性新兴产业基地，并将其作为"一号工程"，但仅有松山湖高新区形成了初具规模的战略性新兴产业集群，滨海湾新区、水乡特色发展经济区、银瓶合作创新区等仍在起步阶段，整体集群化集约化发展水平不高，高品质产业园区仍较为缺乏。

---

① 数据来源：根据相关城市2022年统计年鉴整理。
② 数据来源：根据《东莞统计年鉴2022》数据整理。

三　与东莞高质量发展要求相比，东莞科技创新与先进制造业融合发展有待深化

（一）产学研结合不紧密，科技经济"两张皮"现象还比较突出

东莞虽然拥有 32 家新型研发机构，但总体来看，数量还较少，知识产权转化率较低，集聚创新资源、推动科技成果转化的作用尚未充分发挥出来。同时，虽然科技企业孵化器数量较多，但加速器数量较少，且大部分众创空间"孵化器"仅仅起到"二手房东"的作用，对初创型小微科技企业的扶持作用没有充分发挥。

（二）生产性服务业发展不足，"两业"融合发展程度还不高

目前，东莞生产性服务业增加值占地区生产总值比重低于广东省的平均水平，对先进制造业发展具有推动作用的研发设计、知识产权、创业孵化、科技金融等层次偏低，高端服务环节对外依存度较高，为制造业企业提供高端、专业服务的能力不足。此外，生产性服务业与制造业的融合发展还处于较低水平，现代物流、金融、商务服务等服务业对推动产业转型升级的支撑作用未能有效发挥，一定程度上制约了制造业的转型升级。

（三）产业发展尚处于中低端，尚未真正进入产业链、价值链高附加值"两端"

当前，东莞制造业在全球产业链、价值链中仍处于中低端环节。2021 年，规模以上工业增加值率仅为 21.2%[①]，先进制造业工业增加值率仅为 20.5%。[②] 同时，核心技术"卡脖子"问题较为突出，电子信息

---

① 数据来源：根据《东莞统计年鉴 2022》数据计算。

② 东莞市统计局、国家统计局东莞调查队编《东莞统计年鉴 2022》，中国统计出版社，2022，第 142 页。

产业所需芯片及国产工业机器人基础功能部件等90%以上依赖进口，工业软件、高端检验检测仪表仪器几乎完全依赖进口的局面尚未根本改变。

第四节 东莞科技创新与先进制造业融合模式及路径

一 东莞科技创新与先进制造业深度融合的模式

东莞应坚持以习近平新时代中国特色社会主义思想为指导，全面、完整、准确贯彻新发展理念，深入贯彻落实党的二十大、省第十三次党代会、市第十五次党代会精神，以推动供给侧结构性改革为主线，以对接、支持、服务"双区"和两个合作区建设为"纲"，构建"创新引领、产业强基、科技赋能、项目带动、开放共赢"的科技创新与先进制造业深度融合模式。

（一）要坚持创新引领

创新在我国现代化建设全局中居于核心地位，科技创新是东莞推动高质量发展的新引擎，是东莞补齐制造业发展短板和推动制造业转型升级的新动能，是东莞构筑未来发展优势的新支撑。东莞应继续深入实施创新驱动发展战略，牢牢抓住科技革命和产业变革带来的机遇，坚持面向世界科技前沿、面向经济主战场、面向国家重大需求、面向人民生命健康，依托拥有的大科学装置、重大创新平台、庞大创新主体队伍，进一步增强原始创新能力、科技成果转移转化能力、高端创新资源集聚能力，充分发挥好科技创新的战略引领作用，全力攻坚"卡脖子"难题，牢牢掌握关键核心技术，积极抢占新一轮科技革命和产业变革中的制高点，加快实现高水平科技自立自强。

（二）要坚持产业强基

东莞应秉持"制造业立市"的原则不动摇，全力推动大湾区先进制造业中心建设，大力发展先进制造业和高技术制造业，推动战略性新兴产业集聚发展、传统产业转型升级，打造各层次协同发展的现代产业体系，着力夯实实体经济根基，推动经济发展质量变革、效率变革、动力变革。

（三）要坚持科技赋能

东莞要以制造业高质量发展为目标，推动科技创新与制造业融合发展，大力发展先进制造业和高技术制造业。特别是要以七大战略性新兴产业基地为依托，大力发展战略性新兴产业，推动制造业高端化发展；推动大数据、人工智能、区块链等新兴数字技术和实体经济深度融合，推动制造业智能化转型；聚焦碳达峰、碳中和，大力推动节能环保技术、新能源技术在制造业领域的应用，推动制造业绿色化转型。

（四）要坚持项目带动

项目是规划、计划落地落实的具体载体，要进一步树立"谋项目就是谋发展"的意识，充分发挥有效投资稳增长、稳就业、促消费等关键作用，结合产业发展特点，系统梳理科技产业发展的关键环节和薄弱环节，按照强链、补链、拓链的需求，强化"靶向"招商，加大项目用地保障和资金扶持力度，推动一批投资规模大、带动能力强的重大项目动工建设，营造大抓项目、大抓发展的氛围。

（五）要坚持开放共赢

东莞要立足湾区放眼全球，牢牢把握"双区"和两个合作区建设的重大机遇，充分利用好《区域全面经济伙伴关系协定》（RCEP）、中欧投资协定等区域经济协定，着力打造高水平开放平台，进一步提升产业链、供应链的安全性和稳定性，加快培育发展新业态、新模式，全面融入以国内大循环为主体、国内国际双循环相互促进的新发展格局，打造链接国内国际双循环的现代化枢纽城市。

二 东莞科技创新和先进制造业深度融合的路径

（一）注重统筹协调，加强政策扶持

加大科技创新与先进制造业融合发展的政策扶持力度。一是加强工作统筹。科技创新和先进制造业涉及领域广、部门多，要进一步加大科技、发改、工信、商务、自然资源等部门工作的统筹协调力度，建立健全部门协商机制或联席会议制度。由市委书记牵头，定期召集相关部门根据科技产业发展状况、未来发展方向，通过协商研判，科学确定科技创新和先进制造业融合发展的总体方向和具体目标。二是注重政策引领。要做好科技创新和先进制造业融合发展的顶层设计工作。目前，科技创新、制造业都已经制定了"十四五"发展规划，但是先进制造业专项发展规划尚未制定。应结合实际，尽快制定出台先进制造业发展总体规划以及推动科技创新与先进制造业融合发展的工作方案，明确先进制造业发展、科技创新与先进制造业融合发展的总体思路、主要目标及任务等重点内容。三是强化政策协同。科技创新和先进制造业融合发展事关东莞长远发展，必须更加精准有效地强化政策支持，将有限的财政资金用在"刀刃"上。要全面系统梳理科技、工信、发改等部门已出台的政策文件，结合科技创新和先进制造业融合发展的目标、任务，对现有政策进行优化整合，更好发挥财政资金"四两拨千斤"的作用，有力有效推动科技创新和先进制造业融合发展。

（二）坚持创新引领，强化科技赋能

一是夯实科技创新基础。要继续深入实施创新驱动发展战略，巩固国家创新型城市创建成果，推动珠三角国家自主创新示范区建设、大湾区综合性国家科学中心建设等试点示范不断向广度拓展、向深度推进，力争拿出更多可在全国、全省范围内复制推广的东莞经验。要高标准建设重大科技创新平台，举全市之力推动松山湖科学城建设，共建大湾区综合性国家科学中心，加快推动散裂中子源二期、先进阿秒激光装置等重大科技基础设施立项建设。要深入推动科技体制改革，不断健全完善全链条科技创新体制机制，为科技创新发展提供制度保障。

二是培育引领先进制造业发展的战略科技力量。谋创新就是谋发展，谋科技就是谋未来。要不断提升原始创新能力，充分发挥拥有散裂中子源、先进阿秒激光装置、材料实验室等重大科技基础设施、科研创新平台的突出优势，继续加大基础研究投入力度，深入开展新材料、新能源、量子计算、生物医药等领域的基础研究和应用研究，推动东莞相关领域学科的原始创新和重大应用，引领东莞在新一轮科技革命中抢占先机，助力我国经济社会和国家安全的跨越式、高质量发展。要积极谋划专业领域研究设施建设，推动半导体异质材料与器件中心、大科学智能计算数据中心、中子治疗技术探索装置、新一代信息技术（5G）研究设施、5G智能终端精密结构件制造中心等一批专业领域研究设施建设，产出一批具有较大影响的原创性科研成果与高水平技术发明，为突破产业"卡脖子"技术提供领先的科研条件支撑。要推动高水平大学和科研院所建设，创新大湾区大学办学机制，实施"大学+大科学装置（科研机构）+龙头科技企业"的科教产合作以及校校合作的协同育人机制。推动香港城市大学东莞研究院建设，围绕材料、物联网、信息技术、中子散射应用物理等领域，引进培养高端创新人才，推动科研成果转移转化。将东莞理工学院国际合作创新区打造成为培养高水平应用型创新人才、开展高能级应用创新研究、促进科技成果高效率转化运用的重要载体。

三是推动科技创新为先进制造业发展赋能。要强化前沿领域科技引领作用，围绕新材料、新一代信息通信、人工智能、生物医药等领域前瞻布局一批未来产业，重点推进二维材料、智能材料、量子通信等前沿技术的产业转化，努力实现"从 0 到 1"的重大突破。要推进重点领域核心技术攻关，新一代信息技术领域，重点推进智能移动终端、5G、半导体芯片设计测试封装、新一代人工智能等领域的技术攻关和转化应用。智能制造领域，重点推进工业机器人、高端数控系统与装备、高端智能制造装备、高性能功能部件等领域的技术攻关和产品研发。新材料领域，重点推进先进基础材料、关键战略材料、前沿新材料等性能与工艺提升，支撑战略性新兴产业培育发展。生物医药领域，聚焦创新药研制、高端医疗器械和大型医疗设备研发与集成、生物技术服务与应用等方面进行研发攻关。新能源领域，聚焦新能源汽车、高性能电池、新型能源等领域开展项目攻关。

（三）打造现代产业体系，强化制造业优势

聚焦当今世界先进制造业发展"两高一强"的特点，持续推进东莞产业转型升级，构建现代产业体系，夯实实体经济基础。一是推动先进制造业集群化发展。打造若干具有国际竞争力的先进制造业产业集群是落实《粤港澳大湾区发展规划纲要》的要求，也是国家在先进制造业领域重点推进的方向。东莞目前已有东莞市智能移动终端集群、广深佛莞智能装备集群和佛莞泛家居集群三个先进制造业产业集群进入"国家队"行列，接下来东莞应以实施产业立新柱"一号工程"为契机，立足当前基础优势，着力将上述三个先进制造业产业集群打造成具有国际影响力、竞争力的产业集群。同时，着力推动纺织服装鞋帽、食品饮料等传统优势产业向产业链价值链高端突围，推动品牌化发展，争取进入"国家队"行列。积极推动新材料、新能源、生物医药和医疗器械等先进制造业形成集聚生态，全力抢占未来产业制高点。二是推动先进制造业智能化发展。要以前期实施

"机器换人"为契机，积极推动新一代信息技术与制造业融合发展，广泛应用移动互联网、云计算、大数据、物联网、人工智能等新一代信息技术，加快推动数字经济与制造业融合发展，推动制造业数字化、智能化、绿色化转型。要进一步提升智能制造水平，推动重点行业、重点领域、重点环节智能化基础再造，推动建设智能生产线、无人车间、数字化工厂，大力推进机器人智能制造应用示范。三是推动先进制造业服务化发展。着力推进服务型制造发展，以数字化引领先进制造业和现代服务业"两业融合"，推动服务型先进制造企业探索供应链管理、共享制造、检验检测认证服务、全生命周期管理、集成总包、节能环保服务和其他服务型制造创新模式。推动企业加快设计研发、生产制造等关键环节的柔性化改造，开展基于个性化产品的服务模式和商业模式创新。发展大规模定制服务型制造、系统集成服务型制造、全生命周期管理服务型制造、网络化协同服务型制造和创意设计服务型制造，全力创建全国服务型制造示范城市。

（四）构筑大招商格局，强化项目落地保障

一是以高质量招商推动产业向高端攀进。要鼓励各镇街组建专业化招商团队，赴长三角、京津冀等国内先进地区开展产业招商，也要积极招引中国港澳台、日韩欧美等先进地区和国家的高端项目，推动高质量产业招商三年行动尽早见效。要实施精准优质招商，针对初步形成先发优势的锂电池、智能汽车零部件、机器视觉、电子类医疗器械等产业，加速投入资源开展"靶向招商"，在头部企业、先进要素等方面查缺补漏，推动战略性新兴产业拓链、强链、补链。要强化产业基金作用，发挥战略性新兴产业母基金、招商基金、粤科新材料投资基金协同作用，支持市属国企、镇街企业、龙头企业联合成立产业基金会，带动社会资本投入，通过"基金+资本"模式提升招商引资综合竞争力。二是加快推动土地空间连片拓展。要加强产业规划与国土空间规划的衔接，下大气力实施连片土地统筹、产业空间更新、低效用地处置三大行动，加快推动土地整备，力争形

成一批连片"标准地"。完善土地收储整备补偿和利益共享机制，设立连片土地整备专项财政资金，支持市属国企、镇属企业、村组集体资产参与连片土地整备。探索建立城市更新贡献产业用地机制，统筹实施连片更新"头雁计划"，加大力度推进镇村工业园改造，提升镇域经济能级。加大存量用地盘活和闲置土地处置力度，健全工业用地二级市场管理机制，坚决守住"工业红线"。三是强化综合服务保障。要围绕项目落地和建设，精简项目审批程序，在生产经营审批、资质资格准入等重点领域，着力推动取消和下放行政审批事项。要建立重大优质项目落户直通车制度，开通重大项目绿色通道，为优质项目建设提供"一企一策"定制式、保姆式服务。特别是要为重特大项目提供"一个项目、一名领导、一套方案、一抓到底"的专门服务，确保项目尽快落地落实。

（五）构筑双循环发展模式，推动高水平产业合作

一是塑造国内市场竞争新优势。要贯彻落实《扩大内需战略规划纲要（2022—2035 年）》的目标要求，大力支持工业外贸企业和外资企业拓展国内市场，畅通内销渠道，打通内销堵点，提升"东莞制造"品牌的国内影响力，打造链接国内国际双循环的现代化枢纽城市。要充分发挥电子信息产业、智能装备制造产业等先进制造业集群优势、市场优势和配套优势，发挥龙头骨干企业的行业引领作用，鼓励产业链上下游优质中小企业进入主导产业的产业配套体系，不断增强重点产业链供应链的韧性。要持续开展内销市场拓展行动，促进内外销产品同线、同质、同标发展，增强东莞本土商品内销的竞争力、影响力。

二是加强高水平产业合作。要完善粤港澳大湾区共建机制，以省战略性产业集群培育部署为切入点，深入推进与广州、深圳的产业合作。特别是要深度融入深圳科技创新体系，加快推动电子信息、软件和信息服务、高端医疗器械等产业发展，与其共建珠江东岸世界级电子信息产业集群。要完善两岸交流合作机制，深化莞台科技产业合作，加快推进两岸生物技

术产业合作基地建设、两岸冷链物流产业合作试点，鼓励台资企业重点投资东莞机器人、智能装备、智能终端等智能制造产业，以及芯片、高端智能显示屏等智能制造关键环节。要完善国际交流合作机制，推动"一带一路"合作向纵深发展，支持企业在共建"一带一路"国家建立若干国际产能合作示范区；深度把握亚欧经贸合作新机遇，开拓多元化市场，提升电子信息、高端装备、纺织服装、家具等优势产业在 RCEP 产业链供应链中的话语权和影响力。

三是进一步发展对外贸易新业态、新模式。要牢牢把握建设跨境电商综合试验区的机遇，以提升跨境电商产业链韧性为目标，强化主体培育、推动园区建设、营造良好生态，着力构建完备有力的跨境电商产业链条。要强化数字经济在跨境电商领域的应用，开展"产业集群+跨境电商"试点，推动跨境电商与东莞制造业深度融合、与数字经济深度融合。要围绕供应链布局跨境电商产业，推动供应链企业与制造业企业深度对接，加强跨境电商物流与跨境电商平台的协同，不断提升产业链供应链运转的稳定性。

后　记

　　高质量发展是全面建设社会主义现代化国家的首要任务。2023年4月，习近平总书记视察广东时强调，"要锚定强国建设、民族复兴目标，围绕高质量发展这个首要任务和构建新发展格局这个战略任务，在全面深化改革、扩大高水平对外开放、提升科技自立自强能力、建设现代化产业体系、促进城乡区域协调发展等方面继续走在全国前列，在推进中国式现代化建设中走在前列"。① 2023年，广东省委书记黄坤明来东莞调研时，要求东莞着力在推动高质量发展上下苦功夫、做大文章、出新成效，加快打造科创制造强市，为推动粤港澳大湾区建设和支撑全省高质量发展做出更大贡献。②

　　众所周知，东莞是中国改革开放的排头兵和先行者，从中国第一家"三来一补"企业——太平手袋厂诞生之日起，厚德务实的东莞人就凭借"敢为天下先"的精神，牢牢把握时代赋予的重大机遇，始终坚持制造业立市不动摇，凝心聚力、真抓实干、勇于探索，先后实施向农村工业化进

---

① 《广东为高质量发展汇聚强劲动能》，央视网，https：//news. cctv. com/2023/06/22/ARTI-HrP8zvzwj4SRSTOD35q3230622. shtml。

② 《奋力推动东莞在全省高质量发展大局中争先进位》，东莞时间网，https：//epaper. timedg. com/html/2023-04/18/content_1687551. htm。

军、推进"第二次工业革命"、打造国际制造名城、经济社会双转型、制造业高水平崛起、"湾区都市、品质东莞"、"科技创新+先进制造"等一系列战略，推动东莞从一个香飘四季的农业县嬗变为享誉国内外的制造业名城，成为中国改革开放的一个精彩而生动的缩影。得益于制造业的雄厚基础，近年来东莞经济社会实现了跨越式发展，2022年东莞地区生产总值成功突破万亿元大关，常住人口超过千万人，成为全国第15个"双万"城市。

百尺竿头更进一步，中流击水正当其时。站在"双万"新赛道，东莞面临更大的挑战、更强的对手和更加艰巨的发展任务，这就要求东莞必须保持战略定力，坚持固根本、扬优势，聚焦科技创新和先进制造，推动经济社会高质量发展，为千万人口创造高品质生活。为此，本书立足东莞实际，分析了科技创新和先进制造业对于东莞经济高质量发展的重要意义，梳理了世界主要国家和地区推动科技创新和先进制造业发展的最新政策，从纵向和横向视角研究了珠三角九市科技创新和先进制造业的耦合协调关系，构建了"双万"城市科技创新和先进制造业比较指标体系，通过东莞与其他"双万"城市的对比，找准东莞在科技创新和先进制造业方面存在的短板和不足，并从加强创新体系建设、建设大湾区先进制造业中心以及科技创新与先进制造深度融合等方面提出对策建议。

在本书付梓之际，衷心感谢东莞市委宣传部对本书出版给予的大力支持。感谢东莞市社科联、社科院各位领导和同事一直以来对本人的关心和帮助，尤其要感谢东莞市社科联张卫红主席、肖乃勇副主席和东莞市社科院黄琦、叶沛钦副院长对本书申报、立项、写作给予的大力支持和帮助。感谢社会科学文献出版社黄金平编辑以严谨、专业、细致的态度对本书疏漏之处提出的大量修改建议。感谢邓春玉教授在本书的选题视角、谋篇布局、资料收集等方面给予的专业指导和帮助。感谢我的家人一直以来对我的大力支持，让我能够全身心投入本书的写作过程。同时，对本书出版做出贡献的其他人员，在此一并表示感谢！

本书的撰写难免有疏漏之处，敬请读者批评指正。

张出兰

2024 年 1 月 17 日于东莞

图书在版编目（CIP）数据

东莞经济研究：科技创新与先进制造 / 张出兰著
. --北京：社会科学文献出版社，2024.5
（东莞"双万"新起点社会科学丛书）
ISBN 978-7-5228-3610-2

Ⅰ.①东… Ⅱ.①张… Ⅲ.①区域经济发展-研究-
东莞 Ⅳ.①F127.653

中国国家版本馆 CIP 数据核字（2024）第 091010 号

· 东莞"双万"新起点社会科学丛书 ·

东莞经济研究：科技创新与先进制造

著　　者 / 张出兰

出 版 人 / 冀祥德
责任编辑 / 黄金平
文稿编辑 / 赵亚汝
责任印制 / 王京美

出　　版 / 社会科学文献出版社·文化传媒分社（010）59367004
　　　　　地址：北京市北三环中路甲 29 号院华龙大厦　邮编：100029
　　　　　网址：www. ssap. com. cn
发　　行 / 社会科学文献出版社（010）59367028
印　　装 / 三河市尚艺印装有限公司

规　　格 / 开　本：787mm×1092mm　1/16
　　　　　印　张：14.5　字　数：206 千字
版　　次 / 2024 年 5 月第 1 版　2024 年 5 月第 1 次印刷
书　　号 / ISBN 978-7-5228-3610-2
定　　价 / 98.00 元

读者服务电话：4008918866